»Es geht nirgends so merkwürdig zu wie auf der Welt«, und kein Detail dieser »Merkwürdigkeiten« entging Kurt Tucholsky. Auf unnachahmliche Weise brachte er seine scharfsinnigen Beobachtungen menschlicher Verhaltensweisen und genialen Analysen des gesellschaftlichen und politischen Zustands Deutschlands zur Zeit der Weimarer Republik in all ihrer Absurdität prägnant auf den Punkt. Die mit feiner Ironie gewürzten und von seiner Vorliebe für den spielerischen Umgang mit der Sprache zeugenden Aphorismen und Aperçus erweisen sich dabei als geradezu erschreckend aktuell.

Kurt Tucholsky wurde am 9. Januar 1890 in Berlin geboren. Er zählte zu den bedeutendsten Publizisten der Weimarer Republik und war ein großer Gesellschaftskritiker. Tucholsky arbeitete als Journalist und Schriftsteller. Er bezeichnete sich selbst als Pazifist und Antimilitarist und schrieb gegen rechte Tendenzen, insbesondere die Bedrohung durch den Nationalsozialismus, an. Kurt Tucholsky starb am 21. Dezember 1935 in Göteborg.

insel taschenbuch 3647
Kurt Tucholsky für Boshafte

Kurt Tucholsky
für Boshafte

Ausgewählt von Christine M. Kaiser

Insel Verlag

Umschlagabbildung: Jürgen von Tomëi
Abbildung Seite 106: Deutsches Literaturarchiv Marbach

Klimaneutral
Druckprodukt
ClimatePartner.com/14438-2110-1001

6. Auflage 2024

Erste Auflage 2011
insel taschenbuch 3647
Originalausgabe
© Insel Verlag Berlin 2011
Vertrieb durch den Suhrkamp Taschenbuch Verlag
Umschlag nach Entwürfen von Willy Fleckhaus
Satz: Satz-Offizin Hümmer GmbH, Waldbüttelbrunn
Druck: CPI books GmbH, Leck
Printed in Germany
ISBN 978-3-458-35347-8

www.insel-verlag.de

Inhalt

Kurt Tucholsky für Boshafte

Ein Horizont wie ein Schnapsglas.*

Je engstirniger, je kleiner, je schmalhorizontiger der Standpunkt eines Menschen ist – um so unnachgiebiger wird er vertreten. [WB, 19.4.27, 622]

Auf nichts ist der Mensch so stolz wie auf das, was er selbst gelernt hat – und wenn es auch blanker Unsinn war, er hats doch einmal begriffen, und da ist dann nichts mehr zu machen. »Sie werden mir das doch nicht erzählen! Ich habe doch selbst ...« Renn mit dem Kopf gegen eine Wand aus Stahl – aber den da gib auf.

[GW 4, 1925, 247]

Das Überflüssigste auf der Welt ist ein kleinbürgerlicher Philosoph. [GW 7, 1929, 311]

Es gibt Leute, die wollen lieber einen Stehplatz in der ersten Klasse als einen Sitzplatz in der dritten. Es sind keine sympathischen Leute. [WB, 8.3.32, 377]

Wenn man nach fünftägiger Bekanntschaft zu einem Menschen sagt: »Sie haben etwa den und den Charakter – also werden Sie wohl das und das Schicksal haben«: das glaubt er nicht.
Wenn man ihm aber dasselbe aus der Hand weissagt: das glaubt er. [WB, 1.10.30, 529]

* GW 2, 1920, 402

Die Menschen sind so geartet: Wenn ihnen einer sagt, daß Herr X. befördert wurde, so imponiert ihnen das ungeheuer. Wer ihn befördert hat, danach fragen sie gar nicht. [WB, 9.8.32, 206]

Auf der Erde leben einundeinedreiviertel Milliarde Menschen (die Anwesenden natürlich ausgenommen) – und im Grunde denkt jeder, er sei ganz allein, was die Qualität anbetrifft. »So wie ich ...« denkt jeder, »so ist kein anderer – so kann kein anderer sein.« Ob das wohl richtig ist? [GW 9, 1931, 215]

Denn auf nichts ist der Massenmensch so stolz wie auf winzige Spuren dessen, was er für Individualismus hält ... [DT, 1930, 748]

Nun gehört aber zur Masse immer einer mehr, als jeder glaubt – [WB, 9.10.19, 442]

Es gibt Menschen, die sind so rechthaberisch und haben eine solche Fähigkeit, sich alles, was ihnen begegnet, zu ihren Gunsten zurechtzubiegen, daß man versucht ist, sie zu fragen: »Lieber, ist Ihnen noch nie aufgefallen, daß Sie in Ihrem Leben niemals Unrecht hatten, niemals Unrecht –?« Und sie werden hitzig antworten: »Was fällt Ihnen ein! Ich habe überhaupt nur Unrecht –!« So dickköpfig sind manche Leute. Man kann sie leicht und sofort erkennen, denn sie gehören alle demselben Volksstamm an. Es sind die andern. [WB, 18.8.25, 262]

Niemand hat solche Gier, für einen Herrn gehalten zu werden, wie der Knecht. [WB, 16.3.26, 419]

Der Spießer setzt gern in seine Klagen das Wort »heute«, als ob nicht zu allen Zeiten die Menschen geistig träge, dummdreist, laut und verfressen gewesen seien.

[WB, 18.2.30, 284]

»In unsrer Zeit ...« sagen die Leute, und sind sehr stolz darauf. Das klingt oft wie: »Bei uns in Tuntenhausen ...« Es gibt Kleinstädter, und es gibt Kleinzeitler. Das Wort »heute« wird zu oft gebraucht. [WB, 26.1.32, 140]

Der Philister der modernen kleinen Stadt ist unduldsam und hartköpfig. Was da allabendlich in die gleichförmigen langweiligen Bierhäuser, in diese unpersönlich eingerichteten Stammtischzimmer rollt, will nichts von der fremden Welt wissen und weiß nichts von ihr.

[DT, 1920, 232]

Frauen sind Spiegelbilder des Mannes. Was willst du von jenen erwarten, die seine Kinder in die Welt setzen und die den lieben langen Tag mit kleinlichsten Hausfrauenarbeiten, die sie maßlos überschätzen, zu tun haben, mit billigem Putz, Rangstreitigkeiten und Klatsch. Diese Frauen bewirtschaften nicht das Haus – das Haus bewirtschaftet sie. [DT, 1920, 232 f.]

(...) sie macht die Wohnung rein und sich schmutzig, sie führt Krieg mit den Polstern. [WB, 15.9.25, 420]

(...) die saure Ehefrau, die im Geist ununterbrochen zählt, was sie alles besitzt und die böse auf Leute ist, die sie nicht beneiden [GW 6, 1928, 192]

Wenn einer zu stumpf ist, je ein ordentliches Buch zu lesen, zu dumpf, sich um Politik zu kümmern: Musik wird in seinem Haus gemacht. [DT, 1912, 40]

Nun: kein Meister fällt vom Himmel, wohl aber Lieschen Hebebrand jeden Vormittag zwei Stunden aufs Klavier.

[RW, 1914, 71]

»Meine Tochter muß Klavierstunden haben.« Nein! sie muß nicht. Es ist geradezu fürchterlich, daß man keine drei Häuser weit mehr gehen kann, ohne dieser Musikpest zu begegnen, die die Gesunden, Nichtbeteiligten ansteckt, aber die Ausüber leider nicht tötet ...

[DT, 1912, 40]

(...) bourgeoise Dilettanten, die sich und die Musik überschätzen. Man sollte sie in ihre Klaviere sperren.

[DT, 1912, 40]

Ein boxender Buchhändler, der mäßige Vorträge über Plato hält –: kein Mensch hörte danach hin. Zieht sich aber derselbe Mann einen Kaplansrock an: dann bibbert das Publikum. Bei den Männern tauchen die alten Kinderideen von der Größe der Kirche auf, und die Damen denken: »Darf er? Er darf nicht. Tut ers? Wenn ja, mit wem? Und warum nicht mit mir?«
    Wie interessant kann doch Plato sein! [WB, 26.5.31, 776]

Du mußt über einen Menschen nichts Böses sagen. Du kannst es ihm antun – das nimmt er nicht so übel. Aber sage es ihm nicht. Er ist in erster Linie eitel, und dann erst schmerzempfindlich. [WB, 26.1.32, 140]

Ich habe auf meinem Wege immer wieder Leute angetroffen – Verleger, Frauen, Journalisten, Kaufleute –, die glauben, man sei erledigt, wenn sie einen ignorieren. Sie können sich nicht vorstellen, daß es auch ohne sie gehe. So tief ist der Mensch davon überzeugt, daß er Wert verleihe, daß kein Wert außer ihm sei und daß er fremdes Dasein auslösche, wenn er nicht mehr an ihm teilnimmt. Sie wissen nicht, daß es dreitausendvierhundertundachtundsechzig Daseins-Ebenen gibt, mit eben so vielen Arten von Publikum, so viel Wirkungsmöglichkeiten, viele Leben nebeneinander. (Nicht übereinander.) Und daß man die Menschheit nicht danach einteilen kann, je nachdem sie für oder gegen Herrn Panter ist. Extra Panterum etiam est vita. Auch außerhalb unsrer Sphäre leben andre Leute ein Leben: das ihre. [WB, 26.4.32, 637]

Er ist ebenso dumm, wie er ehrlich ist. Und er ist der ehrlichste Mensch, den ich jemals gesehen habe.

[WB, 27.5.30, 800]

Seine ethischen Anschauungen sehen aus wie die Linsen in seinem Bart: von gestern. [WB, 19.7.23, 65]

Der Zustand der gesamten menschlichen Moral läßt sich in zwei Sätzen zusammenfassen: We ought to. But we don't. [WB, 14.4.31, 543]

Doch gibt es auch noch wohlwollende Mitmenschen, denen die Nächstenliebe nur so zum Maule heraustrieft.

[GW 1, 1913, 84]

Wenn wir einmal nicht grausam sind, dann glauben wir gleich, wir seien gut. [WB, 24.9.29, 495]

(...) Sittlichkeit – ein Wort, das sich allenfalls noch für einen Coupletrefrain eignet – [WB, 3.11.21, 461]

Der soziologische Horizont der meisten Menschen ist klein wie der Boden einer Konservenbüchse. Sie wähnen sich im Himmel. [GW 4, 1925, 248]

Wenn sich in Rußland auch nur ein Achtel der Entführungen, Erpressergeschichten, Bandenüberfälle und Gewalttaten ereignete wie in Amerika –: das Geschrei der sittlich entrüsteten Amerikaner möchte ich mal hören! Sie sollten wirklich bei sich selber Ordnung machen, sich auf Reisen anständiger benehmen und im übrigen den Schnabel halten. [WB, 19.7.32, 98]

Was die Leute pervers nennen, das läßt sich von einem geübten Sexualpsychologen leicht auflösen. Aber wirklich pervers, gegen den Strich, gegen die Natur ... da gibts wenig. Von dem wenigen ist die ältere Amerikanerin, die über Sittlichkeit spricht und urteilt, wohl das allerekelhafteste, was zur Zeit auf der Erde herumsitzt.

[WB, 9.8.32, 205]

Wenn ich das schön gedruckte Buch eines mit Buchweizengrütze gefütterten Philosophen aus Amerika lese, hinter seinen Brillengläsern blitzen fröhlich jungenhafte Augen, die sich so optimistisch mit dem Elend der andern abfinden, alles ist gut und schön, wir haben eine gute Predigt gehabt, Breakfast auch, ja danke, auf welch unbeflecktem Wege wohl so ein Wesen zur Welt gekommen sein mag, die Amerikanerinnen sind doch unterhalb des Nabels alle aus Zelluloid –

wenn ich so einen fröhlichen Professor lese: dann weiß ich endlich, wie einem gebildeten Chinesen zu Mute ist, der europäische Touristen sieht. [WB, 21.7.31, 104]

In einer amerikanischen Damengesellschaft wurde einmal das Elend einer gewissen Arbeiterklasse erwähnt. »Ich glaube nicht, daß sie Hunger haben«, sagte eine Amerikanerin. »Wir haben nie davon gesprochen!«

[WB, 31.7.24, 180]

Die Amerikaner kommen bestimmt alle in die Hölle, besonders die frommen – [WB, 5.4.32, 521]

Wenn man einen Menschen richtig beurteilen will, so frage man sich immer: »Möchtest du den zum Vorgesetzten haben –?« [WB, 27.5.30, 800]

Manchmal sieht man Freunde wieder, die es zu etwas gebracht haben. Neid? Nein. Aber wenn man lange nachgedacht hat, warum sie einem so fremd und so unsympathisch geworden sind, so dürfte es wohl dieses sein: ihre süßliche Erfolgschnauze. [WB, 6.9.32, 358]

Ältere Leute pflegen gern die Zeit ihrer männlichen Kraft mit dem Zeitalter der Vollkommenheit zu identifizieren (»Zu meiner Zeit...!«), und sie machen dann jener Epoche, in der sie die Magenbeschwerden bekommen, ein saures Gesicht. Aber sie glauben immer, es liege an der Epoche und nicht an ihrem Magen. [WB, 12.4.32, 569]

Alter ist kein Einwand, nein. Aber auch keine Entschuldigung. [DT, 1925, 416]

Es ist ein großer Irrtum, zu glauben, daß Menschheits-Probleme »gelöst« werden. Sie werden von einer gelangweilten Menschheit liegen gelassen. [WB, 24.1.28, 133]

Hat man einmal beobachtet, daß achtzig Leute, wenn sie vom Teufel der Kollektivität besessen sind, nicht mehr achtzig Leute sind? Daß sie zu einem neuen, unfaßbar schrecklichen Ding werden, das viele Köpfe, aber kein Gehirn hat, das ungestalt, schwerfällig, träge, sich und den andern das Leben schwer macht? Da müssen Sie hineingetreten sein – das müssen Sie gesehen haben.
[GW 8, 1930, 339]

Die Gleichgültigkeit so vieler Menschen beruht auf ihrem Mangel an Phantasie. [GW 9, 1931, 74]

(...) die Grausamkeit der meisten Menschen ist Phantasielosigkeit und ihre Brutalität Ignoranz.
[WB, 13.1.25, 52]

Wir bewahren ein bißchen viel auf, mitunter. Da spart sich so einer seinen kleinen Vorrat an Phantasie, Liebe, Lebensfreude sorgsam auf, für bessere Zeiten, nach dem schönen, alten Spruch: »Wenn ich mal erst ...« Aber es kann immerhin geschehen, daß der ganze Vorrat hin ist, wenn der Besitzer an ihn herangeht, verschimmelt die Phantasie, abgestanden die Liebe, verflogen die Lebensfreude. »An kühlem Ort aufzubewahren.« Und hat doch nichts geholfen.   [DT, 1927, 559]

Nur kleine Flaschen haben einen Tropfenzähler – sprudelndes Quellwasser wird im allgemeinen nicht rationiert.   [DT, 1927, 559]

Der trockne Pedant hat gewöhnlich ein Ideal: den falschen Abenteurer.   [WB, 3.2.31, 185]

Es gibt ja bekanntlich eine Menge Irrer, die rational denken, und nichts als dies – aber vom Standpunkt eines gesunden Menschen ist ihr Tun eben wahnsinnig.

[WB, 30.10.28, 663]

Als ein Schüler Freuds einmal in Amerika einen Vortrag hielt und darin sagte, alle Menschen seien im Traum egoistisch und monoman, da stand in der Diskussion eine feine Dame – vielleicht aus Boston – auf und sprach: ›Das mag ja vielleicht für Österreich zutreffen. Bei uns in Amerika lieben wir auch im Traum unsern Nächsten!‹ Was etwa auf den Satz hinausläuft: ›Was fällt Ihnen ein! Mein Fräulein Braut hat keine Milz!‹   [GW 7, 1929, 202]

(...) die Psychoanalyse wird bemüht, wobei sich übrigens der uns nicht überraschende Eindruck einstellt, daß mit fortschreitendem Gebrauch dieser Terminologie ihre Banalität wächst, und daß es bald überhaupt nichts mehr besagt, wenn einer die Neurosen seines Objekts recht herrlich präsentiert. Es ist schade: noch ein paar Jahre, und die Vulgär-Psychoanalyse wird auf die Köchin gekommen sein. »Warum ich die Vase zerbrochen habe? Gnätche Frau, ich habe Hemmungen, wenn ich Vasen sehe – –!« Und dann ist es aus, denn wenn Köchinnen sogar schon Hemmungen haben, dann sind sie nicht mehr fein.

[WB, 30.8.27, 333]

»Ich hasse meine Mutter« ist so ziemlich der Höhepunkt dessen, was jene bis auf die Seelenlosigkeit entkleideten Gesellschaftsmenschen auszudenken wagen. Eine sauber shampoonierte Psychoanalyse.   [WB, 12.11.29, 742]

Zur ersten Gesellschaft gehört immer einer weniger, als jeder glaubt.   [RW, 1925, 292]

Jede beachtliche Gesellschaft hat wenigstens eine Wahrheit: ihre gesellschaftliche Lüge.   [RW, 1925, 293]

Nie kann ich den dicken Mann vergessen, der im Esplanade saß, in der großen Halle – vor einem großen Tisch mit Kaffee, Zucker, Milch und Kuchen. »Ja«, sagte er, während er gerade einen ganzen Pfannkuchen mit einem Male zu stopfen bemüht war, »sehn Se mal: der Bolschewismus ...! Die Leute arbeiten ja nicht!« Er arbeitete jedenfalls.   [GW 2, 1920, 438]

Der Schmerz der Armen ist ein Pfeffer für die Reichen. Ein Weinen klingt unter der Erde, aber sie tanzen.

[GW 3, 1923, 316]

Es ist ein sehr feines Haus, man hat lauter gute Namen eingeladen. Die Menschen sind in der Garderobe abzugeben.

[WB, 11.9.24, 401]

So oft ist mir schon aufgefallen, was geschieht, wenn die reichen Leute zu essen bekommen: sie sehen dem Kellner auf das herbeigebrachte Futter, mit einem scheinbar gleichgültigen, aber doch gespannten Ausdruck, es rinnen ihnen sozusagen die geistigen Appetitfäden aus dem Gehirn, schwer sitzen sie da: ›Das steht mir zu, das ist meins‹, und ich bin überzeugt, sie fingen an zu knurren, wenns ihnen jetzt einer wegnehmen wollte. Es ist eine heilige Handlung, ihr Essen, nicht nur, weil es so gute Sachen sind, sondern weil der Herr nun bedient wird. Die Käfigwärter tun alles, um diesen Glauben zu stärken. Sie tragen die dünnste Gemüsesuppe wie eine Hostie heran, sie schöpfen behutsam ein, sie tranchieren wie ein Chirurg, subtil, mit äußerster Aufmerksamkeit, und sie halten den Pudding, wie man ein Kindchen wiegt. Stille! Der Herr ißt.

[GW 5, 1927, 21]

Reiche Leute sind ja als Erscheinung nur erträglich, wenn der Geist das Geld – olet! olet! – ein wenig verwischt hat.

[GW 2, 1920, 438]

(...) adlige Damen, deren schrankenloser Egoismus nur durch ihre Hochnäsigkeit übertroffen wird.

[WB, 30.12.20, 757]

Er war hochmütig wie der Sohn einer zweiten hamburger Familie, aber etwas gebildeter.

[WB, 22.12.31, 934]

Der Standesdünkel liegt in derselben Schublade wie der Patriotismus. Vom Feuerwehrverein bis zum Vaterland sind nur wenige Schritte. Und daher sieht bei uns der Skatverein wie ein Staat und der Staat wie ein Skatverein aus.

[WB, 16.3.26, 420]

Der Mensch ist ein politisches Geschöpf, das am liebsten zu Klumpen geballt sein Leben verbringt. Jeder Klumpen haßt die andern Klumpen, weil sie die andern sind, und haßt die eignen, weil sie die eignen sind. Den letzteren Haß nennt man Patriotismus.

[GW 9, 1931, 231]

Aber interessant ist, wie die kleinbürgerlichen Patrioten aller Sorten den eignen Stall immer für den Stern aller Reinheit ausgeben. (...)

Nichts dümmer, nichts kurzstirniger, nichts ungebildeter als ein Patriot.

[WB, 27.7.26, 154]

Eine Katze, die eine Maus tötet, ist grausam. Ein Wilder, der seinen Feind auffrißt, ist grausam. Aber das grausamste von allen Lebewesen ist eine patriotische Frau.

[WB, 26.4.32, 638]

Wenn man vom Papst als vom Doktor Ratti sprechen wollte und von den Offizieren stets ohne Titel, die sie ja auch dann noch mit sich herumschleppen, wenn sie Filmdirektoren geworden sind; wenn Richter ohne Talare Recht sprechen müßten, kurz: wenn man die künstlich zur Feierlichkeit aufgeblasene Tätigkeit gewisser Leute auf den Alltag reduzierte –: das wäre bitter für die Beteiligten. Aber keine Sorge: wer keine Uniform hat, bewundert sie wenigstens. [WB, 9.8.32, 205]

Wer sich in seiner Straße nicht durchsetzen kann, weil er einen Buckel hat, der zieht sich eine Uniform oder einen Titel an –: Alle sehen nur noch die Uniform, niemand sieht den Buckel. [WB, 23.10.28, 626]

Denn eine richtige bunte Uniform imponiert sogar einem Affen. Er wäre ja sonst keiner. [GW 3, 1921, 60]

Was es für Affen unter den Menschen gibt – das ist nicht neu. Aber was es für völkisch empfindende Mannen unter den Affen gibt, das sollte man wohl nicht für möglich halten. [WB, 3.6.30, 851]

Es muß doch etwas geben, das allen Menschen gemeinsam ist. Das gibts auch. Der wildeste Nazi, der fanatischste Pole, der gläubigste Katholik, der wütendste Franzosenhasser, drei Dinge können sie unbedenklich benutzen: Logarithmentafeln, Klosettpapier und den Rundfunk.

[WB, 26.4.32, 638]

Der Mensch zerfällt in zwei Teile: ...

... in einen männlichen, der nicht denken will, und in einen weiblichen, der nicht denken kann.

[WB, 16.6.31, 890]

Also mit Weibern ist ja kein Auskommen. Es ist kein Auskommen. Mensch, heirate – du lachst dir tot.

[GW 9, 1931, 203]

Man sah auf den ersten Blick, warum er sie geheiratet hatte, was ihn an ihr bezaubert hatte – und man sah auf den zweiten, daß er sich geirrt hatte.

[SB, Nr. 467]

In der Ehe pflegt gewöhnlich immer einer der Dumme zu sein. Nur wenn zwei Dumme heiraten –: das kann mitunter gut gehn.

[WB, 9.8.32, 205]

Nein – heiraten wollte sie vorläufig nicht; sie habe noch keinen Mann gefunden, der Mann gewesen wäre, ohne ein Sexualtier zu sein.

[GW 1, 1912, 71]

Wenn ein Mann weiß, daß die Epoche seiner stärksten Potenz nicht die ausschlaggebendste der Weltgeschichte ist –: das ist schon sehr viel.

[WB, 22.12.31, 934]

Er trug sein Herz in der Hand, und er ruhte nicht, bis sie ihm aus der Hand fraß.

[WB, 15.9.31, 416]

Er hat alle Frauen bekommen, die er begehrt hat – und er hat aus Vorsicht nur die begehrt, die er bekommen konnte. [WB, 21.6.23, 730]

Bitter, wenn sie einen Liebhaber gehabt hat, der mit Vornamen so heißt wie du. [WB, 21.6.32, 937]

Die Dänin ist reizend konsequent inkonsequent. Ihre Treue reicht sogar zur gleichen Zeit für mehrere aus.

[RW, 1932, 423]

Die Serbin ist ihrem Manne treu. Die Rumänin ist ihren Männern nicht treu. Die Französin macht ihren Mann anstandshalber zum cocu. Die Berlinerin will es ganz genau wissen. Die Sächsin wirtschaftet, daß das Bett kracht. Und die Bernerin versteht gar nicht, worum man sie gebeten hat. [WB, 13.10.25, 571]

Ein eifersüchtiger Mann ist oft ein eifersüchtiges Kind.

[SB, Nr. 318]

Wenn die geliebte Frau mit einem andern Mann flirtet, erscheint sie uns leise lächerlich. Die Steine des Kaleidoskops, das wir so gut kennen, geben ein neues Bild; wir sehn sie zum ersten Mal gewissermaßen von der Seite. Eifersucht macht kritisch. Wenn Männer mit einer für sie neuen Frau beschäftigt sind, gilt das natürlich alles nicht.

[WB, 3.11.31, 674]

Die Frau: »Ich bin gekränkt, wenn er mich betrügt – das kann er bei mir auch haben.« [SB, Nr. 468]

Die Frau, die weint, weil der Mann sie nachts zum Vögeln aufweckt. Scheidungsgrund –! »Er achtet mich nicht mehr!« gedemütigt. »Er respektiert nicht mal meinen Schlaf!«   [SB, Nr. 544]

Die Frau und der berühmte Mann. »Wieviel Beifall er hat! Wenn er mich liebte – ich hätte den Beifall und die Liebe!«

Die Frau als Rezensentin des Geliebten: »Er liebt mich nicht mehr wie früher. Also ist nichts mehr mit ihm los.«   [WB, 3.2.31, 185]

»Frauen«, hat jener Franzose gesagt, »inspirieren den Mann zu großen Taten und hindern ihn, sie auszuführen.«   [GW 7, 1929, 132]

Sie ließ sich beizeiten von ihm scheiden, weil er Witze um die entscheidende Nuance zu langsam erzählte.

[WB, 1.10.30, 529]

Eine gute alte Freundin von mir hat einmal das Gebot geprägt: »Du sollst nicht alles mit der Sexu-Elle messen –!«

[RW, 1924, 259]

Sie hatte mit ihrem Mann und den monatlichen Konsultationen beim Frauenarzt ihr sexuelles Auskommen.

[SB, Nr. 751]

So schön, wie sich jeder Mann beim Friseur vorkommt, möchte ich einmal sonntags sein.   [WB, 5.1.26, 37]

(...) wenn manche Frauen wüßten, was manche Männer so unter ›arbeiten‹ verstehen, so ließen sie sich nie mehr wegen ihrer zu langen Telefongespräche Vorwürfe machen.　　　　　　　　　　　　　　　[GW 6, 1928, 322]

Er ist ein Beamter der Liebe. Er läßt sich gehn.

[WB, 6.1.31, 11]

Der schönste Schmuck für einen weißen Frauenhals ist ein Geizkragen.　　　　　　　　　　[GW 5, 1927, 379]

Lügen haben kurze Beine, viele Frauen aber auch, das beweist also nichts. Wie kommt es nur, daß viele Lügen überhaupt ans Tageslicht gelangen –?

Das kommt daher, daß die meisten Lügner kein gutes Gedächtnis haben. Wer lügt, muß aber ein sehr gutes Gedächtnis haben. »Du hast doch aber neulich gesagt ...« so fängt es an, und dann setzt der arme geängstigte Mann, denn Frauen sagen stets die Wahrheit, setzt der Mann auf die alte Lüge eine neue. Das bekommt ihm meist nicht gut. Als alter, erfahrener Lügner kann ich nur sagen: meine Schwindeleien sind alle herausgekommen, weil ich nicht ordentlich aufgepaßt habe. Frauen passen schrecklich auf ...　　　　　　　　　　　　[GW 9, 1931, 273]

Nicht jeder hat die Geistesgegenwart jener Frau, auf deren Bett der Ehemann ein paar, mit Verlaub zu sagen, Hosenträger fand. »Du hast einen Liebhaber!« rief er aus. Und die gekränkte Frau sprach würdevoll: »Erstens habe ich keinen Liebhaber, und zweitens hat er keine Hosenträger!« Auch lügen will gelernt sein.　　　[GW 9, 1931, 273]

Temperamentvolle Frauen halten sich bedeutend länger, wenn man sie nachts auf den Frigidaire legt; sie bleiben auf diese Weise schmackhaft und bekömmlich in jeder Jahreszeit. Die andauernd gleiche und trockne Atmosphäre konserviert jede Dame von Welt; unser Kühlapparat wird an gesundheitlicher Wirkung von keiner Ehe übertroffen.

[WB, 27.12.27, 975]

Eine französische Zeitung hat neulich so definiert: »La Française se donne – l'Allemande s'y prête.« (Was etwa zu übersetzen wäre: »Die Französin gibt sich hin, die Deutsche gibt sich dazu her« – Krach, Protest sämtlicher deutscher Frauenvereine, Ausweisung des Störenfrieds, Glocke des Präsidenten.)

[WB, 7.4.25, 513]

Je größer durch Erziehung und Tradition die Spannung zwischen den Geschlechtern wird, desto größer wird eine aufgeblasene Sexualromantik, auf der die Neurosen nur so blühen.

[WB, 15.4.20, 445]

(...) es gibt einen gewissen norddeutschen Frauentypus, der nur mit Prügel zu regalieren ist, diese Frauenzimmer fühlen sich an wie gegen den Strich gebürstete Zylinderhüte

[WB, 24.8.26, 307 f.]

Welche mißleitete Sexualität in manchen dieser frommen Schwestern, die am Tage nachholen, was ihnen die Nacht nicht gewährt!

[WB, 21.4.31, 580]

(...) die Zuckungen in Unordnung geratener Gebärmütter vergiften ganze Existenzen.

[WB, 16.10.28, 598]

Sieh diesen vorsitzenden Frauen einmal in die Augen, und du erkennst: sie sitzen da, weil sie nicht richtig liegen.

[WB, 10.9.29, 382]

Wenn sich diese Frauen je aufschnüren, ist das ganze Schlafzimmer voll. Um Specknacken liegen dicke Perlenketten geschlungen und spotten der Steuer. Die Haare der Damen sind wie von Wertheim-Puppen: aus Werg und Wolle. Stülp- und Regenneesen sehen froh gen Himmel. Die Münder schlürfen den Brei, der da oben serviert wird. (...)

Hier wird den ganzen Abend »über Thema« gesprochen – die Damens aalen sich wohlig auf dem Plüsch; davon reden: das ist beinah so schön wie es zu tun – nein, noch viel schöner. Und ungefährlicher.   [WB, 24.2.21, 234]

Die dicken Bürgerfrauen bleiben anständig – es kommt gar nicht an sie heran.   [SB, Nr. 525]

Daß die Bürgerfrau der mittlern Provinzstadt einen tödlichen Haß gegen unverheiratete Frauen hat, die dennoch einen Mann gefunden haben, ist bekannt. Es ist die Verachtung des pensionierten Beamten gegenüber den freien Berufen, Angst um die eigene Position, die klare Erkenntnis, daß die langweilige Versorgung durch eine graue Ehe nicht immer den Verzicht auf ein buntes Leben lohnt. Unterstützt werden solche Frauen von den Pfaffen beider christlicher Religionen (...) und von Sittlichkeitsonkeln aller Richtungen.   [WB, 11.3.30, 389]

Die tiefste Sexualmoral: die des Neides

[WB, 19.4.27, 621]

Über die Familie der Zukünftigen muß man sich erkundigen. Der Berliner fragt auf der Börse, der Engländer im Club, der Franzose befragt ihre Concierge, der Wiener erkundigt sich im Caféhaus, und der Ungar haut auf alle Fälle seinem besten Freund ein paar hinter die Ohren.

[WB, 13.10.25, 571]

Man liebt sich auseinander, aber
man zankt sich zusammen.*

(...) die Familienbande – nach Karl Kraus eines der tief-
sten Worte der Sprache –   [GW 10, 1925, 290]

Der Familienquatsch
»... und da hat Lucie zu Jenny gesagt, sie hätte das nie zu
Oskar gesagt, daß Erwin ihr nichts gesagt hat! Wie finn-
ste das ...? Na, das ist doch ganz klar, woher soll sie denn
das wissen! Nein? – Nein! Wenn du zu Mama nicht gesagt hättest, daß ich es dir gesagt hätte, dann hätte Tante
Emmi auch nicht sagen können, daß Max es Jenny gesagt
hat! Na, hör doch mal zu, was ich dir sage ...! Laß mich
doch mal zu Wort kommen ...!«   [GW 6, 1928, 141]

In der Brutwärme der Familie ersticken nicht nur die Genies. Auch der Mensch geht drauf.   [RW, 1913, 57]

Als Gott am sechsten Schöpfungstag alles ansah, was er
gemacht hatte, war zwar alles gut, aber dafür war auch
die Familie noch nicht da. Der verfrühte Optimismus räch-
te sich, und die Sehnsucht des Menschengeschlechtes nach
dem Paradiese ist hauptsächlich als ihr glühender Wunsch
aufzufassen, einmal, nur ein einziges Mal friedlich ohne
die Familie dahinleben zu dürfen.   [WB, 11.1.23, 53]

Die Familie (familia domestica communis, die gemeine
Hausfamilie) kommt in Mitteleuropa wild vor und ver-

* GW 7, 1929, 59

31

harrt gewöhnlich in diesem Zustande. Sie besteht aus einer Ansammlung vieler Menschen verschiedenen Geschlechts, die ihre Hauptaufgabe darin erblicken, ihre Nasen in deine Angelegenheiten zu stecken. [WB, 11.1.23, 53]

Es gibt kein Familienmitglied, das ein andres Familienmitglied jemals ernst nimmt. Hätte Goethe eine alte Tante gehabt, sie wäre sicherlich nach Weimar gekommen, um zu sehen, was »der Junge« macht, hätte ihrem Pompadour etwas Cachou entnommen und wäre schließlich durch und durch beleidigt wieder abgefahren. Goethe hat aber solche Tanten nicht gehabt, sondern seine Ruhe – und auf diese Weise ist der Faust entstanden. Die Tante hätte ihn »übertrieben« gefunden. [WB, 11.1.23, 54]

Warum, lieber Gott, ist man sonntags stets in Familie? Vor Tisch sind sie beleidigt, und nach Tisch sind sie satt – wenn ich dran denke, wird mir jetzt schon ganz matt.

[GW 6, 1928, 123]

Die Familie umschließt ihn wie ein Käfig. Diese Brutwärme der Liebe, die das gehegte Wesen zu Tode drückt, aber keineswegs gestatten will, daß es in der Freiheit aufblüht, dieser Backofen des Egoismus mit dem falschen Vorzeichen ... [WB, 30.6.25, 967]

Um wie viel stiller ginge es in manchen Familien zu, wenn sich alle Frauen Männer kaufen könnten!

[WB, 22.12.31, 934]

»Fang nie
was mit Verwandtschaft an –!
Denn das geht schief, denn das geht schief!
Sieh dir lieber 'ne fremde Landschaft an –
Die Familie wird gleich so massiv!
Denn so von Herzen hundsgemein
kann auf der ganzen Welt kein Fremder sein ...
Fang nie was mit Verwandtschaft an –
dann
bist du glücklich dran –!«

[GW 10, 1925, 163]

Die Verwandtschaft ist eine Plage, die der liebe Gott sonst ganz gesunden Menschen auferlegt hat, damit sie nicht zu übermütig werden! [GW 10, 1925, 170]

Aber so wie die Dantesche Hölle mehrere Stationen des Leidens hat, so gibt es Verwandtschaft und Verwandtschaft. Die Grundzüge sind überall gleich – die Nuancen lokal verschieden. [GW 4, 1925, 72]

Wenn man auf Verwandtschaft zu sprechen kommt, trifft man bei den meisten Leuten auf ein trübes Kopfschütteln, das einen resignierten Seelenzustand ahnen läßt. Scherz, Satire, Ironie und tiefere Bedeutung werfen ein klagendes Echo zurück: »Wem sagen Sie das!« [GW 4, 1925, 72]

Verwandte können einander prächtig ärgern ...

[WB, 13.1.31, 59]

(…) wie ein Luftschiff auf Rädern.*

Der Mensch hat zwei Beine und zwei Überzeugungen: eine, wenns ihm gut geht, und eine, wenns ihm schlecht geht. Die letztere heißt Religion. [WB, 16.6.31, 889]

Sage mir, zu wem du betest, wenn es dir gut geht, und ich will dir sagen, wie fromm du bist. [WB, 17.8.22, 156]

Vor Gott sind alle gleich, gewiß, doch muß man das nicht übertreiben. [GW 7, 1927, 75]

Die Katholiken sitzen vor ihrer Hütte. Ein Heide geht vorbei und pfeift sich eins. Die Katholiken tuscheln: »Der wird sich schön wundern, wenn er mal stirbt!« Sie klopfen sich auf den Bauch ihrer Frömmigkeit, denn sie haben einen Fahrschein, der Heide aber hat keinen, und er weiß es nicht einmal. Wie hochmütig kann Demut sein!

[WB, 3.2.31, 185]

Ich weiß sehr wohl, daß im allgemeinen dem deutschen Publikum nicht sehr wohl ist, wenn es gegen die Übergriffe der katholischen Kirche geht. Der Katholik ist dagegen; der Protestant hat Furcht, daß das Feuer auf sein Haupt übergreife, und der Jude sagt: politische Rücksichten und meint: Angst vor dem Antisemitismus. Mit einem kämpferischen freien Geist ist es bei allen dreien nicht weit her. [GW, 5, 1927, 88]

---

* WB, 26.5.31, 776

Es unterhielten sich ein Katholik und ein Jude über religiöse Fragen.

»Eins verstehe ich nicht«, sagte der Katholik. »Wie kann man als gebildeter Mensch glauben, die Juden seien durch das Rote Meer gezogen?«

»Sie mögen recht haben«, sagte der Jude. »Wie kann man aber glauben, Jesus Christus sei nach dem Tode auferstanden?«

»Das ist etwas anderes«, sagte der Katholik. »Das ist wahr.«   [GW 7, 1929, 294]

Ich weiß: man trägt wieder katholisch.   [GW 7, 1929, 94]

(...) da gibt es in allen Kirchen Kultusbeamte, die das Volk gern so dumm halten möchten wie sie selber schlau sind, ...   [GW 5, 1927, 352]

Was an der Haltung beider Landeskirchen auffällt, ist ihre heraushängende Zunge. Atemlos jappend laufen sie hinter der Zeit her, auf daß ihnen niemand entwische. »Wir auch, wir auch!«, nicht mehr, wie vor Jahrhunderten: »Wir.« Sozialismus? Wir auch. Jugendbewegung? Wir auch. Sport? Wir auch. Diese Kirchen schaffen nichts, sie wandeln das von andern Geschaffene, das bei andern Entwickelte in Elemente um, die ihnen nutzbar sein können.

[WB, 8.4.30, 540]

(...) was die Kirche nicht verhindern kann, das pflegt sie wenigstens zu segnen.   [GW 5, 1927, 32]

Man rühmt an der Kirche die Folgerichtigkeit ihres Denkens, ihre Logik und die gut gemauerte Basis des großen Gebäudes. Sicherlich, es ist imposant – aber wenn man in den Keller geht und sich einmal die Fundamente ansieht ...   [WB, 17.2.31, 238]

Es gibt deutsche Katholiken, die zerreißen sich fast das Maul darüber, daß die Kommunisten »ihre Befehle aus Moskau entgegennehmen«. Und woher bekommen jene ihre Befehle? Aus Rom.   [WB, 5.4.32, 521]

... als ob es nicht dunkel wäre in Deutschland, weil eine Soutane das Sonnenlicht schwärzt.   [WB, 4.2.30, 203]

Aber eine so gute Propaganda, wie sie die Kirche gegen die Kirche macht, können wir gar nicht erfinden.

[WB, 14.7.31, 72]

Die Kirche beweist alles, was sie anordnet, mit der schärfsten Logik, es stimmt scheinbar alles, Schritt für Schritt, Stufe für Stufe – und wenn sie am Ende der Kette angekommen ist, dann macht sie einen kleinen Hopser, der Denker beginnt, zu fliegen und entschwindet den erstaunten Augen ins Himmelblau. Er zieht sich nämlich auf den göttlichen Willen zurück, den er ja kennt: der liebe Gott hat ihm den unzweideutig mitgeteilt, und hier hört jede Diskussion auf.   [WB, 17.2.31, 239]

Die Apologetik der katholischen Kirche –: das ist wie ein Luftschiff auf Rädern.   [WB, 26.5.31, 776]

Das Christentum ist eine gewaltige Macht. Daß zum Beispiel protestantische Missionare aus Asien unbekehrt wieder nach Hause kommen –: das ist eine große Leistung.   [WB, 5.4.32, 521]

Katholische Kirchen sind immer geöffnet, protestantische nur sonntags. Die Geistlichen auch.   [GW 5, 1927, 31 f.]

Das Christentum hat viel Gutes auf Erden bewirkt. Doch wird dies tausendfach durch das Schlimme überboten, das die christliche Idee mit der Vergiftung des Liebeslebens angerichtet hat.   [WB, 26.4.32, 638]

»Die sittliche Verderbnis der unteren Stände« – man sollte jedem Pastor, der so etwas in den Mund nimmt, die Bibel um die Ohren hauen.   [DT, 1920, 244]

Die Welt ist keine Kirche und kein katholisches Jungfernstift.   [GW 2, 1920, 411]

Die Katholiken terrorisieren das Land mit einer Auffassung vom Wesen der Ehe, die die ihre ist und die uns nichts angeht.   [WB, 11.3.30, 388 f.]

Apropos katholisch: gestern las ich den Aufsatz eines schwedischen Arztes über die Abtreibung. Darin erzählt er, er habe einmal einen katholischen Arzt gefragt: »Was tun Sie, wenn Sie abtreiben müssen, um wenigstens die Mutter zu retten?« Er antwortete: »Ich ziehe einen protestantischen Kollegen zu.« Ganz Rom in einem Satz.

[BA, 29.11.35, 555]

Für mich sorgen sie alle: Kirche, Staat, Ärzte und Richter.

Ich soll wachsen und gedeihen; ich soll neun Monate schlummern; ich soll es mir gut sein lassen – sie wünschen mir alles Gute. Sie behüten mich. Sie wachen über mich. Gnade Gott, wenn meine Eltern mir etwas antun; dann sind sie alle da. Wer mich anrührt, wird bestraft; meine Mutter fliegt ins Gefängnis, mein Vater hintennach; der Arzt, der es getan hat, muß aufhören, Arzt zu sein; die Hebamme, die geholfen hat, wird eingesperrt – ich bin eine kostbare Sache.

Für mich sorgen sie alle: Kirche, Staat, Ärzte und Richter.

Neun Monate lang.

Wenn aber diese neun Monate vorbei sind, dann muß ich sehn, wie ich weiterkomme.

Die Tuberkulose? Kein Arzt hilft mir. Nichts zu essen? keine Milch? – kein Staat hilft mir. Qual und Seelennot? Die Kirche tröstet mich, aber davon werde ich nicht satt. Und ich habe nichts zu brechen und zu beißen, und stehle ich: gleich ist ein Richter da und setzt mich fest.

Fünfzig Lebensjahre wird sich niemand um mich kümmern, niemand. Da muß ich mir selbst helfen.

Neun Monate lang bringen sie sich um, wenn mich einer umbringen will.

Sagt selbst:

Ist das nicht eine merkwürdige Fürsorge –?

[GW 9, 1931, 331]

Der Wahnsinn greift munter um sich.*

Früchte im Mutterleib werden vom Staat geschützt, solange sie noch nicht draußen sind; wenn sie erst einmal draußen sind, erlischt dieses Interesse.   [WB, 16.6.31, 889]

Wir sind ein Agrarstaat: und die Kartoffel wuchert in den Gehirnen. Wir sind ein Industriestaat – und die Maschine scheppert in den Adern.   [WB, 26.7.23, 82]

Vater Staat, dieser unehrlichste aller Strichjungen (...)
[WB, 6.12.23, 564]

Vater Staat hält dem Kind Untertan eine bunte Puppe vor, etwa einen Polizisten mit weißen Signalärmeln, damit es stille sitzt, während ihm einer in den Taschen umherwirtschaftet ...   [WB, 9.11.26, 740]

Der Proletarier, der einen Lastwagen umschmeißt, fliegt ins Loch. Der Staatsmann, der ein Volk ins Verderben chauffiert, schreibt Memoiren. Der Lokomotivführer hat die Verantwortung. Der Staatsmann trägt sie. Und dabei halten wir heute noch.   [WB, 29.9.25, 480]

Verantwortung? Wir haben immer gedacht, das hieße gradestehn für etwas, das man getan habe.

[GW 2, 1920, 324]

* WB, 27.5.20, 637

Die Minister vermehren sich wie die Sandflöhe – wo gestern noch keiner gewesen ist, da steht heute ein ganzes Ministerium: mit Ministerialräten, Regierungsräten, Obersekretären und Portiers, und wenn einer glaubt, daß dort keine produktive Arbeit geleistet werde, so darf er die Reinmachefrauen nicht vergessen.

[WB, 25.12.28, 944]

Eher, liebe Frau, bricht sich einer das Bein, der auf einen Stuhl steigt, als daß einem deutschen Minister etwas passiert, und wenn er noch so viel Böses angerichtet hat. Es ist das gefahrloseste und das verantwortungsloseste Metier von der Welt. [WB, 10.7.28, 63]

Nun ist in diesem Lande die Verfassung ein frommer Wunsch, bestimmt für die braven Schulkinder, wie man ihnen früher ja wohl die Bibel mitgab: man liest in beiden und richtet sich nach keinem. [WB, 27.5.20, 637]

Ihr habt keine Wohnung? Dann braucht ihr in Deutschland nur Minister zu werden, und ihr habt ein domicilium perpetuum. [WB, 6.5.20, 531]

Alle Herrscher halten ihre Beherrschten für eine andere Rasse. [WB, 26.11.29, 800]

Die Tolpatschigkeit eines verliebten jungen Bräutigams ist philosophische Ruhe, verglichen mit der Unbedachtsamkeit, mit der manche Männer und Frauen an die Urne gehen. [DT, 1920, 190]

Unsre Politiker sind derart zurückgeblieben, daß sie für
unmöglich halten, auch auf ehrliche Weise Politik zu machen. [WB, 31.7.24, 170]

Politiker im hellen Sonnenlicht – das erinnert immer an
das, was unter einem Stein kriecht, den man plötzlich
hochhebt ... [GW 5, 1927, 293]

Nichts ist bei uns peinlicher und verhaßter als konkret gewordene Geistigkeit. Alles darfst du: die gefährlichsten
Forderungen aufstellen, in abstracto, Bücherrevolutionen
machen, den lieben Gott absetzen – aber die Steuergesetz-
gebung, die machen sie doch lieber allein.

[WB, 13.3.19, 282]

»Die politischen Köpfe Deutschlands.« Köpfe? Köpfe?
Ich zähl' die Häupter meiner Lieben – wo ist nur ihr Gehirn geblieben? Nein, Köpfe waren das, mit wenigen Ausnahmen, wohl kaum. [WB, 8.5.19, 537]

Die Politik war bei uns eine Sache des Sitzfleisches, nicht
des Geistes. [WB, 13.3.19, 281]

Politik kann man in diesem Lande definieren als die
Durchsetzung wirtschaftlicher Zwecke mit Hilfe der Gesetzgebung. [WB, 13.3.19, 281]

Politik ist zum Gezänk geworden. Opposition zum ein-
flußlosen Krakeelertum. [WB, 23.11.26, 805]

Fix und fertig. Fix und fertig liegen die Phrasen in den Gehirnfächern, ein kleiner Anlaß, ein Kurzschluß der Gedanken, und heraus flitzt der Funke der Dummheit.

[WB, 15.12.31, 898]

Und wenn sie in den Reden brausend sind, dann sind sie viel zu brausend, und wenn sie schlicht sind, sind sie viel zu schlicht – sie sind immer alles hoch zwei und wissen nicht, daß eine Wahrheit, zum Quadrat erhoben, sehr oft eine Lüge ergibt. Wie markig hallt die Phrase! Wie zischen die vergilbten Vergleiche! Wie wimmelt es von aufgeschnappten und unerlebten Bildern, die so staubig sind, daß es einem trocken im Hals wird, wenn man das mitanhört! Es ist, als könnten sie gar nicht mehr vernünftig sprechen. (...)

Mensch! halt die Luft an. Und sprich vernünftig und sauber und ohne Pathos. Es ist besser für uns alle.

[WB, 6.5.30, 702 f.]

Manchmal haben wir in Deutschland eine sogenannte »politische Krise«. Wenn sie vor Weihnachten ausbricht, wird sie bis nach Weihnachten vertagt. Kein Mensch merkt in der Zwischenzeit, daß es eine Krise gibt. Man denke sich einen Fieberkranken, der zu seinem Arzt sagt: »Wissen Sie was, Doktor, morgen habe ich Geburtstag. Vertagen wir die Krise bis zur nächsten Woche!«

[WB, 30.12.30, 999]

Auf einem Wagen saßen Vertreter aller politischen Parteien. Als der Wagen stecken blieb, geschah folgendes: Der Deutschnationale schoß den Führer nieder, der Zentrumsmann sagte: »Mit Gott!« und blieb sitzen, der Demokrat schlug vor, die große Koalition zu bilden, der Mehrheitssozialist wollte den Karren aus dem Dreck schieben, ließ aber keinen aussteigen, die Unabhängigen schimpften und schoben mit, und die Kommunisten gaben gute Ratschläge, brüllten aber so, daß sie kein Mensch verstand.

Und wenn den Wagen keiner herausgezogen hat, dann steht er noch. [GW 3, 1923, 226 f.]

Wie rasch altern doch die Leute in der SPD –! Wenn sie dreißig sind, sind sie vierzig; wenn sie vierzig sind, sind sie fünfzig, und im Handumdrehn ist der Realpolitiker fertig. [WB, 9.8.32, 205]

Gott schuf Kluge, Dumme, ganz Dumme und Geschäftsführer der SPD-Presse. [WB, 26.5.31, 777]

Ich kenne viele deutsche Sozialdemokraten, die geradezu Krämpfe bekommen, wenn von den Leuten, die links von ihnen stehen, die Rede ist. [WB, 13.4.26, 571]

Das Fett, mit dem der mittlere deutsche Parteiführer das Wort »Berufsbeamtentum« ausspricht ... wenn doch nur jeder Arbeitslose so viel Fett auf seinem Brot hätte! [WB, 21.7.31, 103]

Ein ehrlicher Deutscher ist Beamter und nicht Mensch – Mensch ist jeder. Vor einem Schalter stehen: das ist das deutsche Schicksal. Hinter dem Schalter sitzen: das ist das deutsche Ideal. Dafür ist der Schalter da! [WB, 20.12.27, 930]

Ihr Junge ist der Mensch, der seit seiner frühesten Kindheit »nichts dafür kann«? Der ständig, immer und unter allen Umständen, ablehnt, die Folgerungen aus seinem Verhalten zu ziehen? der die Vase nicht zerbrochen hat, die ihm hingefallen ist? der die Tinte nicht umgegossen hat, die er umgegossen hat? der immer, immer Ausreden sucht, findet, erfindet ... Kurz, der eine gewaltige Scheu vor der Verantwortung hat? Ja, dann gibt es nur eines.

Lassen Sie ihn Beamten werden. Da trägt er die Verantwortung, aber da hat er keine. [WB, 10.7.28, 60]

Früher wurden die Beamten von ihren Herren Eltern sorgsam mit der Hand hergestellt. Vater und Mutter zogen das so gewonnene Kind auf, ließen es ordentlich nichts lernen und brachten es dann in dem Beamtenkörper unter, wo es ein sauberes, wenn auch kärglich gebürstetes Dasein führte. Heute sind die Beamten Maschinenware geworden. Und weil jeder Mensch Beamter ist, auf irgendeine Weise, so sterben sie nicht aus, sondern regieren sich gegenseitig. Man sollte reine Untertanen züchten – bald wird es keine mehr geben. [WB, 18.8.25, 261]

Man soll diese Beamten stets mit der Nase in ihren eignen Unrat stoßen – sie werden zwar nicht stubenreiner davon, aber tut mans nicht, werden sie übermütig. Sie sind es schon. [WB, 12.7.27, 51]

Wenn einer von einem Amt oder einem Beamten das Wort »verantwortlich« gebraucht, frage man sogleich: »Wem –?« [WB, 24.1.28, 133]

Was eine Amtsbezeichnung mit dem Menschen zu tun hat, ahnt nur der Deutsche. [WB, 11.8.21, 164]

Wenn einer sein Amt übernimmt, dann betont er zunächst einmal emphatisch, daß er es gar nicht hat haben wollen. Er opfert sich, sozusagen. Es wird ein bißchen viel geopfert bei uns ... [WB, 6.5.30, 702]

Amt! du Zauberwort unter den Deutschen! Du bist der Inbegriff, bist das Ding an sich, das Tabu, du beherrschest die Kausalgesetze, und es ist kein Gott außer dir.
[GW 1, 1918, 336]

Nicht die Deutschen beherrschen die selbstgeschaffenen Apparate zur Vervollkommnung des Lebens – die Apparate beherrschen die Deutschen. [GW 1, 1918, 336]

Das ist eine Menschengattung, die in Deutschland wild vorkommt: der Tatsachen-Idiot.

Der Tatsachen-Idiot ist ein Mensch, dems immer nur auf das Wie ankommt, nicht auf das Warum. Selbiger hat sein ganzes Leben lang furchtbar zu tun, um bei allen Manipulationen, technischen Vorrichtungen, Organisationen und Einrichtungen aller Art zu wissen, »wie es gemacht wird«. Das wäre ja an sich ganz löblich; aber der Tatsachen-Idiot fängt das Ding immer von hinten an: bei den Fachausdrücken der letzten Jahre, ohne vom Grundprinzip der Dinge eine bescheidene Ahnung zu haben. Du hörst den T.-I. auf allen Eisenbahnfahrten, an allen Stammtischen, in allen Zigarrenläden begeistert streiten. Denn der T.-I. weiß nicht nur alles: er weiß es auch besser. Der T.-I. ist immer rechthaberisch. Er beweist alles. Wenn er ohne Kopf hinter einer entgleisten Lokomotive liegt, beweist der stattliche Rest des T.-I., daß die Lokomotive gar nicht entgleisen konnte. »Sie wern mir doch nicht erzählen . . .«

Eine ganz besondere Wonne des T.-I. sind Verfügungen. Er kennt alle Reglements aller Behörden und liebt sie zärtlich. »Die Bestimmung lautet aber nun einmal so . . .«, sagt er dreimal hintereinander. Er weiß Bescheid mit der Stufenleiter und den Rangverhältnissen aller Beamten, und all das hat für ihn die Gültigkeit von Naturgesetzen. »Was? Ihr Schwager ist Oberleutnant geworden?« sagt der T.-I. »Kann er ja gar nicht! Denn . . .« – und nun hebt er an.

Er ist erst beruhigt, wenn er weiß, daß alles nach der Regel gegangen ist. Der T.-I. ist begeisterter Rationalist. »Was? Christus hat Wasser in Wein verwandelt? Kann er ja gahnich! Das wär' ja auch noch schöner, wenn da jeder ohne behördlichen Wunderschein –! Nein, mein Lieber!«

Sport begünstigt die Anlage zum T.-I. Gaffen und sich nur an das rein Tatsächliche halten: das ist die Freude des T.-I. Er wacht eifersüchtig über die Natur, daß nichts geschieht, was er nicht – genau nach den geltenden Bestimmungen – verstanden und somit auf den vorliegenden Fall angewandt hat. Gewitter, der Regenbogen, das Finish, die Beförderung, das Haltesignal auf der Eisenbahn, Uniformen, Postmarken, Steuervorschriften, die Polizeistunde – wie ungeheuer wichtig ist das alles! Er kennt nur eins: den Apparat. Kurz: ein idealer deutscher Untertan. [WB, 25.8.21, 208]

Der Apparat ist ein Automat: innen ist ein Räderwerk von Verfügungen, oben wirft man bescheidentlich ein Gesuch hinein, und unten fällt etwas heraus: in der Regel eine Dummheit. [GW 1, 1918, 337]

Lieber Gott! Nimm doch den deutschen Kaufleuten und Beamten diese dumme Sucht, sich als gar so kostbar hinzustellen und sich mit etwas dicke zu tun, was meist gar nicht da ist: mit einer Persönlichkeit! [WB, 14.4.25, 563]

Ob von diesem Staat etwas zu erwarten ist, weiß ich nicht. Daß von dieser Gesellschaftsform nichts zu erwarten ist, scheint mir sicher. [WB, 10.6.20, 695]

Nur der Unbegabte stiehlt,
der Kluge macht Geldgeschäfte.*

Zeige mir deine Wirtschaftsform, und ich werde dir sagen, wer du bist – [WB, 30.4.29, 667]

Nationalökonomie ist, wenn die Leute sich wundern, warum sie kein Geld haben. [WB, 15.9.31, 393]

Jede Wirtschaft beruht auf dem Kreditsystem, das heißt auf der irrtümlichen Annahme, der andre werde gepumptes Geld zurückzahlen. Tut er das nicht, so erfolgt eine sog. »Stützungsaktion«, bei der alle, bis auf den Staat, gut verdienen. Solche Pleite erkennt man daran, daß die Bevölkerung aufgefordert wird, Vertrauen zu haben. Weiter hat sie ja dann auch meist nichts mehr. [WB, 15.9.31, 394]

Wenn die Unternehmer alles Geld im Ausland untergebracht haben, nennt man dieses den Ernst der Lage.
[WB, 15.9.31, 394]

Zusammenfassend kann gesagt werden: die Nationalökonomie ist die Metaphysik des Pokerspielers.
[WB, 15.9.31, 394]

Jeder Bankier, der etwas ausgefressen hat, bricht zusammen. Er erleidet einen Nervenzusammenbruch. Und zwar bricht er entweder in einem Sanatorium zusammen oder auch zu Hause, aber das ist nicht so fein. (...)

* GW 5, 1927, 76

Mir bricht das Herz. Ich sehe sie vor mir: schluchzende Devisenhändler, taschentuchauswringende Fondsmakler, zusammengebrochene Kommerzienräte ... nach bestem Wissen und Gewissen ... es muß furchtbar sein.

[WB, 15.10.29, 603]

Und gehts gut, so ist der Kapitalist ein tüchtiger Kerl, auch zeigt dies, daß die Wirtschaft nicht auf private Initiative verzichten kann.

Gehts aber schief, so ist das ein elementares Ereignis, für das natürlich nicht der Nutznießer der guten Zeiten, sondern die Allgemeinheit zu haften hat.

Wirf den Bankier, wie du willst: er fällt immer auf dein Geld.

[WB, 5.7.32, 22]

Fast jeder Unternehmer und besonders der kleinere ist nichts als der Verwalter von Bankschulden; gehts gut, dann trägt er den Ungeheuern Zins ab, und gehts schief, dann legen die Banken ihre schwere Hand auf ihn, und es ist wie in Monte Carlo: die Bank verliert nicht. Und wenn sie wirklich einmal verliert, springt der Steuerzahler ein: also in der Hauptsache wieder Arbeiter und Angestellte.

[WB, 18.8.31, 255]

Wenns gut geht, wirft sich der Unternehmer in die Brust; sein Verdienst beruht auf seinem Verdienst, und weil er das Risiko getragen hat, will er auch den Hauptanteil des Gewinnes für sich.

Wenns schief geht, sind die Umstände daran schuld. Dann muß der Staat einspringen und das Defizit decken, denn Kohlengruben, Stahlwerke und die Landwirtschaft

dürfen nicht Not leiden. Und sie leiden auch keine Not,
weil sie notleidend sind.

Auf alle Fälle aber kann der Unternehmer nichts dafür,
er trägt die Verantwortung, und wir tragen ihn.

[WB, 22.12.31, 934]

Für wen wird gelitten? Für wen gehungert? Für wen auf
Bänken gepennt, während die Banken verdienen?

[WB, 18.8.31, 256]

Die Dummheit der Menschen manifestierte sich früher
im Militär, heute in den Wirtschaftsführern.

[WB, 6.9.32, 359]

Was sagte wohl ein Wirtschaftsführer, wenn wir ihm seinen Betrieb so schilderten, wie er ihn zwei Jahre später
im Prozeß schildern wird? Wenn wir also sagten: »Du
weißt gar nicht, was hier vorgeht, oder du willst es nicht
wissen; um dich herum wird betrogen; du bist geistig
nicht auf der Höhe, fast in der Nähe des Paragraphen ein-
undfünfzig; um dich herum wird bestochen!« Das alles
darf aber erst ausgesprochen werden, wenn der Kerl tau-
send Unschuldige in seine Pleite hineingezogen hat.

[WB, 22.12.31, 934 f.]

(...) viele Künstler sind eitel. Aber niemand, niemand ist
so eitel wie der deutsche moderne Kaufmann, wenn er
etwas erreicht hat. Kein blaurasierter Tenor hat jemals
solche Gebirge von Eitelkeit erklommen wie diese Herren Generaldirektoren. Von feistem Selbstbewußtsein ge-
schwollen, geht das durch die Welt. Pieke sie mit einer fei-

nen Nadel – und hervor spritzt ein gebogner Strahl von Eitelkeit, daß dir grün und gelb vor Augen wird.

[WB, 24.7.28, 131]

Wenn sie so klug wären, wie sie sich schlau vorkommen, wären sie immer noch dumm genug.   [WB, 24.7.28, 132]

Der Arbeiter haßt den Unternehmer lange nicht so wie der Unternehmer den Arbeiter haßt, fürchtet, verabscheut und in die tiefste Hölle wünscht. Man vergelte ihm das.

[WB, 6.9.32, 359]

Eine der schauerlichsten Folgen der Arbeitslosigkeit ist wohl die, daß Arbeit als Gnade vergeben wird. Es ist wie im Kriege: wer die Butter hat, wird frech.

[WB, 14.10.30, 597]

Daß der Arbeiter für seine Arbeit auch einen Lohn haben muß, ist eine Theorie, die heute allgemein fallen gelassen worden ist.   [WB, 15.9.31, 393]

Steigt das Angebot, wird der Nachfragende frech; das ist immer so.

Niemals ist die gewerkschaftliche Moral der Angestelltenschaft schlechter als in Krisenzeiten – die Chefs können heute mit ihren Leuten so ziemlich machen, was sie wollen, vom Gehalt schon gar nicht zu reden. Arbeit als Gnade.   [WB, 22.3.32, 457]

Die Gottähnlichkeit eines Personalchefs kennt keine Grenzen, und liest du seine Zettel und lauschst du seinen

Reden, so hast du stets den Eindruck, er werde nun aber nächstens auch noch dem lieben Gott kündigen.

[WB, 24.7.28, 131]

Merk: Wenn einer bei der Festsetzung von Arbeit und Lohn mit »Ehre« kommt, mit »moralischen Rechten« und mit »sittlichen Pflichten«, dann will er allemal mogeln.

[WB, 14.10.30, 597]

Die Dummen sind die Arbeiter.   [GW 4, 1925, 84]

Deutsch ist deutsch.
Da helfen keine Pillen.*

Beschmutzen wir unser eigenes Nest? Aber einen Augiasstall kann man nicht beschmutzen und es ist widersinnig, sich auf das zerfallene Dach einer alten Scheune zu stellen und da oben die Nationalhymne ertönen zu lassen.

[WB, 13.3.19, 283]

Deutschland ist eine anatomische Merkwürdigkeit. Es schreibt mit der Linken und tut mit der Rechten.

[WB, 3.2.31, 185]

Wir Deutschen sind ein merkwürdiges Volk.

[WB, 16.10.19, 476]

Wenn einer bei uns einen guten politischen Witz macht, dann sitzt halb Deutschland auf dem Sofa und nimmt übel. [GW 2, 1919, 42]

Es gibt ein altes Wort: »Wenn der Deutsche hinfällt, steht er nicht auf, sondern sieht sich um, wer ihm schadenersatzpflichtig ist.« [GW 2, 1919, 122]

... die Deutschen brauchen immer einen, der an allem schuld ist [GW 3, 1923, 313]

Wenn in Deutschland einer etwas versiebt hat, dann kneift er hinterher, schreibt aber seine Memoiren, womit

* WB, 15.3.27, 424

er seine gänzliche Unschuld an dem Malheur dartut, die Gegner beschimpfen und fünfzehn Prozent des Ladenpreises einstecken kann. [GW 2, 1920, 395]

Dieses Land hat Herren und Kerls. Männer hat es nicht.
[WB, 26.8.20, 237]

Der Deutsche beginnt, wie alle Welt, mit wirtschaftlichen Erwägungen, eine durchaus gesunde und rationale Methode. Greift die nicht durch – aber nur dann –: dann wird er moralisch. Vielleicht tun das alle Menschen, aber der Deutsche hat es in dieser Fähigkeit zu einer Meisterschaft gebracht, die ihresgleichen sucht. Wenn man auf den deutschen »Geist« dieser Sorte trifft, so kann man in neunundneunzig Fällen von hundert darauf schwören, daß dem Herrn Geist-Inhaber etwas fortgeschwommen ist, wofür er sich zu trösten sucht. Der Geist ist in Deutschland immer die letzte Rettung nach den Niederlagen – sie gehen auf den Geist, wie andre auf den Abort. Als Sieger brauchen sie ihn nicht. [WB, 4.9.28, 355 f.]

Die Deutschen sind schlechte Verlierer –
[DT, 1929, 678]

(...) und zweitens fehlt in Deutschland das Korrektiv des gesunden Menschenverstandes. [WB, 30.10.28, 662]

Dieses Volk liebt es, Vorschriften zu ersinnen, die immer für die andern gelten. [GW 2, 1920, 374]

In jedem Deutschen steckt so viel Schutzmann – man muß einmal erleben, mit welchen Luchsaugen eine ganze Straße aufpaßt, ob das Auto auch richtig rechts fährt, und wenn es gar eine Dame ist, die chauffiert, dann bekommen die Leute eine Temperatur von 37,9, wenn sie einen Fehler macht.   [DT, 1929, 677]

Der Verkehr ist in Deutschland zu einer nationalen Zwangsvorstellung geworden.   [GW 7, 1929, 305]

Der Ersatz der allgemeinen Wehrpflicht ist die deutsche Verkehrsregelung.

Was da zusammengeregelt wird, geht auf keine Kuhhaut.   [GW 7, 1929, 306]

Der Deutsche fährt nicht wie andere Menschen. Er fährt, um recht zu haben. Dem Polizisten gegenüber; dem Fußgänger gegenüber, der es übrigens ebenso treibt – und vor allem dem fahrenden Nachbarn gegenüber. Rücksicht nehmen? um die entscheidende Spur nachgeben? auflockern? nett sein, weil das praktischer ist? Na, das wäre ja ...   [GW 7, 1929, 307]

Ein französisches Verkehrshindernis erfordert von den Beteiligten weniger Nervenkraft als der deutsche glatt abgewickelte Verkehr.   [WB, 24.8.26, 306]

Aber er ist auch so schon ganz hübsch, der deutsche Verkehr. Man fährt am besten um ihn herum.

[GW 7, 1929, 307]

Ein Automobil verändert das Leben; der Sport verändert das Leben – daran ist kein Zweifel. Daraus aber eine, mit Verlaub zu sagen, »Weltanschauung« zu machen, das ist unsern Snobs vorbehalten. [RW, 1928, 361]

Die Deutschen haben zwar nicht das Pulver erfunden, wohl aber die Philosophie des Pulvers. [WB, 27.5.30, 800]

Wir sind keine Amerikaner: drüben schätzt man den Dollar um seiner selbst willen und hat ihm niemals einen Geist beigelegt. Unser Kapital aber hat sich die Köpfe gekauft, und der gilt als rückständig, der nicht in einem Bankenkonzern eine Idee sieht. [GW 1, 1913, 107]

Wir sind schlimmer als Amerika: sie beten den Dollar an – wir den Mann, der ihn hat. [GW 1, 1913, 107]

Scharfe Sozialkritiker sind in ihren Nicht-Vaterländern sehr beliebt, nur dürfen es grade keine Kommunisten sein. Sonst aber hat es der Deutsche gern, wenn der Amerikaner die amerikanische Kultur demoliert; wir haben uns immer sehr für die Freiheit der andern interessiert. [WB, 14.4.31, 543]

Sicherlich aber sind die deutschen Universitäten nicht mehr das, was sie einmal gewesen sind: das Zentrum der geistigen Kräfte des Landes. Was sich im Rahmen dieses öden Beamtenbetriebes da heute abspielt, ist völlig unerheblich und für die geistige Struktur der wertvollen Geister gleichgültig. [WB, 30.6.25, 977]

Der Student von heute ist ein geistiger Kommis, der nicht studiert, sondern zum Examen paukt.   [WB, 8.5.19, 534]

Wenn einer nichts gelernt hat –: dann organisiert er.

Wenn einer aber gar nichts gelernt und nichts zu tun hat –: dann macht er Propaganda.   [WB, 15.9.31, 416]

Ich weiß nicht genau, was das ist, aber jeder zweite Mensch in Deutschland macht heutzutage Propaganda. Weil die Engländer sich bei einer klugen Sache der Propaganda bedienen, glauben diese Hohlköpfe, die Propaganda genüge, und auf die kluge Sache käme es nicht an.
[GW 2, 1920, 420]

Neulich sagte mir ein Balte: was ihm am meisten in Deutschland auffiele, sei das »Papageiengerede« der Leute; wenn man sie ritzt, dann quillt aus jedem Topf ein Klischeegewäsch heraus, von dem man jeden einzelnen Satz vorher kennt. Sie haben es wohl auswendig gelernt.
[WB, 25.3.30, 470]

Es gibt eine Frage, die stellt nur ein Deutscher. Wenn dich die Leute besuchen, dann nimmt dich jener unter den Arm, raucht einmal an seiner Zigarre und sagt: »Sagen Sie mal – was zahlen Sie hier eigentlich Miete?«

Ist doch auch interessant.   [WB, 3.11.31, 674]

Der Deutsche hat immer etwas Vorwurfsvolles.
[SB, Nr. 402]

Dies aber ist deutsch:

Daß dieser unendliche Innenrummel Selbstzweck ist; Selbstzweck jene Wandlungen und Verkündigungen der Wandlung; Selbstzweck die Bünde und Spaltungen; Selbstzweck die Bekenntnisse und die Ableugnungen – Selbstzweck das Prunken mit Neurosen, das Verstecken von Neurosen, Selbstzweck Leidenschaften, innere Stürme, neue Romantik. [WB, 30.8.27, 336]

Das »Menschliche« ist das, was sich anderswo von selbst versteht. (...)

Aus dem »Menschlichen« aber, das man nie mehr ohne Anführungsstriche schreiben sollte, ein eignes Ressort gemacht zu haben, ist den Deutschen vorbehalten geblieben, die sich so ziemlich im Gegensatz zur gesamten andern Welt einbilden, es gäbe etwas »rein Dienstliches« oder, noch schlimmer: »rein Sachliches« Wenn die Herren Philologen mir das freundlichst in eine andere Sprache übersetzen wollen – ich vermag es nicht.

[WB, 29.5.28, 827]

Der Deutsche weiß nicht, wie unhöflich das ist, was er »sachlich« nennt. [DT, 1929, 677]

Sie spielen Dienst. Eine junge Frau besucht ihren Mann, der ist Kellner in einem kleinen Café. In Frankreich, in England, in romanischen Ländern spielt sich das so ab, daß sie ihn in der Arbeit nicht stören wird, ihm aber natürlich herzhaft und vor allen Leuten guten Tag sagt. Bei uns –? Bei uns spielen sie Dienst. »Denn er ist im Dienst und darf nicht aus der Rolle fallen, sonst gibt es Krach

mit dem Chef, der hinter dem Kuchentisch steht.« Er darf
nicht aus der Rolle fallen ... Sie spielen alle, alle eine
Rolle.   [WB, 29.5.28, 828]

Der deutsche Mensch, der auch einmal »Mensch sein«
will, eine Vorstellung, die mit aufgeknöpftem Kragen und
Hemdsärmeln innig verknüpft ist – der deutsche Mensch
ist ein geplagter Mensch. Nur im Grab ist Ruh ... wobei
aber zu befürchten steht, daß er als Kirchhofsbenutzer
einen regen Spektakel mit einem nichtkonzessionierten
Spuk haben wird ...   [WB, 29.5.28, 829]

Wenn der Deutsche grade keinen Verein gründet, um-
organisiert oder auflöst, dann hat er einen Prozeß.
                                            [WB, 8.1.29, 45]

(...) es gibt unter den Deutschen noch einige, wenn auch
wenige verworfne Wesen, die überhaupt keinem Verein
angehören (...) diese Menschen gehören in das Gebiet
der Psychopathia sexualis.   [WB, 22.3.27, 465]

Ernste Arbeit, das ist in Deutschland ein Pleonasmus,
denn frohe Arbeit scheint es dortselbst nicht zu geben.
                                            [RW, 1926, 300]

Pflicht – Gehorsam – Arbeit: es wimmelt nur so von solchen Worten bei uns, hinter denen sich Eitelkeit, Grausamkeit und Überheblichkeit verbergen.
                                            [WB, 31.5.25, 486]

Die Deutschen sind noch lange nicht dazu erzogen, miteinander zu arbeiten. Sie können nur wirken, wenn man sie einen über den andern stellt. [WB, 3.7.19, 26]

Die Tugend des deutschen Primus ist ein Laster, sein Fleiß eine unangenehme Angewohnheit, seine Artigkeit Mangel an Phantasie. [WB, 31.5.25, 486]

Deutschland, Deutschland, über alles kann man dir hinwegsehen – aber daß du wirklich nur der Primus in der Welt bist: das ist bitter. [WB, 31.5.25, 486 f.]

Ganz Deutschland ist in Deutschland auf Flaschen gezogen. [WB, 24.1.28, 134]

Mich dünkt, als sei es schon einmal besser mit der deutschen Sprache gewesen als heute, wo jeder Hitlerknabe das Wort deutsch im Maul führt. [WB, 8.9.31, 381]

Die ganze Borniertheit des Nationalismus spricht aus diesem Adjektiv. Es genügt, irgendeinem Krümel das Epitethon »deutsch« anzuhängen, und Kaffeemaschine, Universitätsprofessor und Abführmittel haben ihr Lob weg.

[WB, 24.7.24, 155]

Aber seht euch um! Seht in Arbeitsheime, in Pensionen, in Handwerksstuben, in Büros, in Geschäftszimmer, in kleine Fabrikbetriebe, in Ämter! Welche Tyrannen im Schlafrock! Welche Königskronen aus Tomback! Welche Grandezza gekränkter Haushähne, wieviel Dionysosse mit zweihundert Mark Monatsgehalt, wieviel Neros in

abgescheuerten Hausröcken, wieviel Caligulas in Hemdsärmeln! Und keiner wagt zu mucken.   [GW 10, 1918, 175]

Der deutsche Krach unterscheidet sich von allen andern
Krachs der Welt dadurch, daß er sich niemals mit dem
Einzelfall begnügt. Es wird immer gleich alles Prinzipielle
miterledigt.   [WB, 6.7.22, 21]

Die Deutschen sind mit Offensivgeist getränkt. Der Aufwand an Radau steht meist in gar keinem Verhältnis zur
Sache – aber das Prinzip, das Prinzip muß durchgefochten
werden.   [WB, 18.5.26, 777]

Gott gab den Menschen die Verstopfung und zugleich
die heilsame Tamarinde. Und er gab ihnen eine Beschäftigung und zugleich den Titel.
    Es geht glatter vonstatten.   [WB, 27.5.20, 637]

Denn Deutschland ist ein gründliches Land: kein Kind
ohne Nachttopf, kein Erwachsener ohne fachliche Hochschulbildung, Titel und einen ganzen Kopf voller Einbildung.   [WB, 12.10.26, 594]

... denn einen Titel muß der Mensch haben. Ohne Titel
ist er nackt und ein gar grauslicher Anblick.
                                        [GW 8, 1930, 162]

Der Titel erstickt jeden Widerspruch und erspart dem Ti-
telträger jede Tüchtigkeit. Er steckt sich hinter den Titel,
und das Übrige besorgt dann schon die Dummheit derer, die den Titel anstaunen und ihn um des Titels willen,

den sie nicht haben, aber gern hätten, beneiden. Es ist nicht besser – es ist schlimmer geworden.

[WB, 27.5.20, 637]

Ganz Deutschland besteht aus Augen. Große Telleraugen, blanke Glasscheibchen, trübe Wasserflecke – sie starren dich an. Alle sehen alle an, ganz genau. Sie mustern, machen Inventur, prüfen, überprüfen, riechen mit den Augen. Auch machen sie eine unendliche Wirtschaft aus allem, sich und den andern das Leben schwer und das Reisen zu einer Dienstpflicht, der sie mit zusammengepreßten Lippen und angestrengtem Gesichtsausdruck obliegen; noch nie habe ich auf einer französischen Bahn einen solchen Trubel um nichts erlebt. Wo einer sitzt, ob das Fenster auf oder zu ist, und wie der Handkoffer liegt, und was es da alles gibt ... es sind typische deutsche »Probleme«: anderswo gibt es sie gar nicht, oder sie sind keine. Muß das Dasein hier Kräfte kosten –!

[WB, 24.8.26, 306]

Die Kleinlichkeit geht ins aschgraue. Deutschland ist bekanntlich das Land mit der größten Schilderliteratur der Welt – wenn wir einen Bahnwagen in Betrieb setzen, so nageln wir vierundsechzig Schilder hinein, die verbieten, befehlen, bitten, beschwören, die uns erzählen, daß man sich die Nase nicht in die Hand schneuzen solle (Hamburg); daß man und wie man absteigen solle; daß man ... daß man nicht ... Polizeilich erschreckte Kinder.

[WB, 25.12.28, 956]

Am liebsten hätten wir den Kosmos so, daß an jedem Ding dransteht, was es ist, damit man es weiß. Wir freuen uns immer furchtbar, wenn wir sehn, wie an einem Spucknapf ein Schild hängt: SPUCKNAPF, damit niemand glaube, es sei ein Alligator. [GW 8, 1930, 244]

Würden die Deutschen nicht von allen Faktoren des öffentlichen Daseins systematisch ob ihrer Größe, ihrer Tüchtigkeit, ihrem Organisationstalent besoffen gemacht – sie machten die Augen auf und lernten. Denn an fremdem Wesen ist Deutschland schon oft genesen.

[WB, 16.8.27, 270]

Was ein richtiger Deutscher ist, so kennt der sein Italien und Sizilien und die Riviera und Schweden und Norwegen ... aber ob er auch sein eigenes Land genau kennt, das steht noch sehr dahin. [GW 6, 1928, 117]

Ganz abgesehen, daß der reisende Deutsche von leichter Monomanie besessen ist und, wenn er ins Ausland fährt, nun alles darauf abstellt, ob man ihn liebe oder nicht, sich so als den Nabel der Welt fühlend [DT, 1926, 501]

Die Deutschen sind nur allzu sehr geneigt, sich für den Nabel der Welt zu halten und stets zu glauben, »aller Augen sind heute gerichtet auf ...«. [RW, 1925, 285]

Der Deutsche will nicht sein – er will anders sein als der Nebenmann. [GW 6, 1928, 89]

Bei uns ist jeder allein – sie könnten einen Reichsverband Deutscher Einsiedler gründen. Denn jede deutsche Einsamkeit ist viel kollektiver, als sie glauben, und jeder Individualist viel mehr Maschinenware, als er glaubt. Es sind nur Einzelabgüsse derselben Form: der deutschen.

[GW 6, 1928, 325]

Auf den Masochismus des Deutschen aber hat noch niemand vergeblich spekuliert. [WB, 20.11.28, 769]

Der Neid geht gern auf Kostümfeste und zeigt sich selten in Zivil. Wenn ihm gelb zumut ist, gibt er sich manchmal national, manchmal hochmütig – erfolgreiche Leute haben es nicht leicht. [DT, 1929, 659]

Wenn in Deutschland ein Musikprofessor berühmt wird, dann beginnen sich zwei Gruppen um ihn zu streiten: die Radfahrer etwa und die Briefmarkensammler. Fast jeder deutsche geistige Streit verläuft heute auf einer falschen Ebene, nämlich auf einer, wo er nichts zu suchen hat. (...) Was Freund und Feind gleichermaßen aus den Pantoffeln kippen läßt, ist der Erfolg des Kritisierten – es muß da ein Induktionsstrom des Neides vorhanden sein ... [WB, 19.5.31, 732]

Nie geraten die Deutschen so außer sich, wie wenn sie zu sich kommen wollen. [WB, 26.5.31, 776]

Denn wo käme man hin, wenn man in sich ginge!

[WB, 4.1.27, 23]

Die Verblödung dieses Bürgertums ist vollständig.

[WB, 1.9.31, 329]

Hast du einmal den deutschen Bürgersmann beobachtet (und ganz besonders die deutsche Bürgersfrau), was sie auf der Straße alles mit ihrem Hund angeben? Es scheint wirklich so, als ob die meisten Menschen hierzulande einen Hund nur deshalb besäßen, um noch einen »unter sich zu haben«. Bedrückt von Wohnungsamt, Polizeirevier, Hauswirt, Kolonialwarenhändler, Außenhandelsnebenstelle, Finanzamt und ähnlichen Versorgungsanstalten benötigt die mannhafte deutsche Seele einen Sklaven, um die Superiorität ihrer Herrenrasse darzutun.

[WB, 1.6.22, 562]

Er kaufte sich eine Hundepeitsche und einen kleinen dazugehörigen Hund.   [WB, 1.10.30, 529]

Immer wieder erschütternd ist die partielle Gehirnlähmung bei den Deutschen: überall da eine Verschwörung zu wittern, wo sie mit ihrem Wesen auf irgendeinen Widerstand stoßen   [WB, 29.9.31, 485]

»Wo – wo ist er nun, der gute Deutsche?«
    »In den Büchern«, sagte ich. »In den Büchern.«

[WB, 16.6.21, 664]

Dieser Schriftsteller schreibt einen läufigen Stil.*

Ein Leser hats gut: er kann sich seine Schriftsteller aussuchen.   [WB, 3.2.31, 185]

Es gibt Schriftsteller, die rasen sehr exakt. Sie dichten aus dem Reinen ins Unreine.   [WB, 27.5.30, 800]

Es gibt Sätze, die hat ein anständiger Schriftsteller nicht zu schreiben; wer es doch tut, ist keiner, vergessen sei sein Name, nie behalten sei sein Name.   [WB, 13.1.31, 58]

Je töter sie bei uns sind –: desto goethehafter kommen sie sich vor.   [WB, 6.8.29, 213]

Kennzeichen eines zweitrangigen Schriftstellers: »... entgegnete er sachlich.« Das Wort bedeutet überhaupt nichts mehr, man kann es fortlassen, ohne daß sich der Sinn ändert, und es zeigt nichts an als die Unfähigkeit eines Gehirns, sich gegen das Gewäsch der Modewörter zur Wehr zu setzen.   [WB, 21.6.32, 937]

Das Neudeutsch aber soll der Teufel holen. Und der wird sich schwer hüten: denn der Teufel ist ein Mann von Jahrhunderte altem Geschmack.   [WB, 7.11.18, 440]

* WB, 5.7.32, 22

Kann der Mann nicht lesen? Er kann nur schwätzen: sie müssen ihn mit einer Grammophonnadel geimpft haben.

[WB, 12.6.28, 903]

(...) auch sagt der Mann niemals »ich«, sondern immer »ich persönlich«, wie ja denn niemand seine Persönlichkeit so betont, wie der, der keine hat und keine ist.

[WB, 12.6.28, 901]

Es ist jener seltsame und ekle Stil, den man etwa mit »Grammatik in Latschen« umschreiben könnte, ein Stil, der den Leser gewissermaßen in die Seiten pufft: du weißt schon, wie ichs mene, ich brauche mich nicht so exakt auszudrücken. Traulich duftet es nach süßem Tabak; wann sich Pappa zum letzten Mal die Füße gewaschen hat, steht noch sehr dahin, die Frauen haben viel Gemüt und wenig Bidet, und im Garten blühen Himbeern, Kirschbäume und die deutsche Seele. So ein Stil ist das.

[WB, 4.9.28, 354]

»Er wußte um die Geheimnisse des Seins...« solche Wendungen sollte man auf Gummistempel schneiden und dann verbrennen. [WB, 22.12.31, 934]

Dieses Deutsch ist eine Affenschande. [WB, 25.6.29, 954]

Die Kennzeichen des neudeutschen Stils sind: innere Unwahrhaftigkeit; Überladung mit überflüssigen Fremdwörtern, vor denen der ärgste Purist recht behält; ausgiebige Verwendung von Modewörtern; die grauenhafte Unsitte, sich mit Klammern (als könne mans vor Einfällen gar

nicht aushalten) und Gedankenstrichen dauernd selber –
bevor es ein anderer tut – zu unterbrechen, und so (bei-
läufig) andre Leute zu kopieren und dem Leser – mag er
sich doch daran gewöhnen! – die größte Qual zu berei-
ten; Aufplusterung der einfachsten Gedanken zu einer
wunderkindhaften und gequollnen Form.

[WB, 6.4.26, 540]

Es sind tobsüchtig gewordene Studienräte der Liebe.

Ganz besonders schlimm, wenn sie ihre medizinische
Literatur gelesen, halb verstanden, kaum verdaut und
unvollkommen vomiert haben. »Danach scheidet sich
uns das ganze weite Reich sexueller Beziehungen der heu-
tigen Kulturmenschheit in drei große voneinander scharf
getrennte Gebiete.« Nun? »Beischlaf, Perversität und
Flirt.« Was etwa der Skala: Sozialismus, Beethoven und
Stachelbeerkompott entspricht. Aber solche Bücher werden von einem immerhin nicht ganz und gar windigen
Verlag verlegt, sie werden wohlwollend rezensiert, ausge-
stellt ... nur eines werden sie nicht: sie werden nicht ge-
bührend ausgelacht.   [WB, 24.4.28, 638]

Es gibt nun eine Gattung von Menschen ... also, Menschen ist übertrieben, die schwimmen und plätschern in
substantivierten Infinitiven. Das sind die gebildeten Kunst-
schriftsteller   [WB, 8.9.31, 381]

Mit den modernen Dichtern ist das so eine Sache: weil
nicht jeder einzeln die Welt umspannen kann, so haben
sie sich das geteilt; der eine bearbeitet die soziale Not,
der andere das verschüttete Venedig, und der dritte prote-

stiert feige und gekränkt zeit seines Lebens gegen die
Schlüsselromane. [RW, 1913, 42]

Man muß nur einmal lesen, wie sich der Arbeiterdichter
die Lebensgewohnheiten reicher Leute vorstellt, um zu er-
messen, wie eingeengt er lebt, und die Unwissenheit wird
nur noch durch die kindlichen Schilderungen vom Arbei-
tersein übertroffen, die man in den Büchern bürgerlicher
Romanfabrikantinnen vorfindet. Daher geht ja auch fast
alle Satire dieser Tage so daneben, weil der Angreifer seine Objekte nicht ordentlich kennt und in Himmelsrich-
tungen schießt, wo der andre gar nicht steht.
[WB, 13.1.25, 50 f.]

Der Schriftsteller tut gern so, als sei er von einem Zauber-
wesen begnadet und als sei dies etwas ganz und gar Ein-
zigartiges: schriftzustellern – und vergißt dabei, daß es
Tausende und Tausende können, wie er.
[GW 9, 1931, 215]

Nichts verächtlicher, als wenn Literaten Literaten Literaten nennen. [WB, 26.1.32, 140]

Wenn sehr kultivierte, sehr feine, sehr gebildete Schriftsteller grimmig für die Kirche fechten, dann wirkt das,
wie wenn reiche Leute ihre Briefe mit einem alten Matro-
senmesser aufschneiden. Sie könnten sich natürlich einen
guten Brieföffner kaufen . . . aber um sie herum ist alles so
fein, so reich, so vollkommen und so vernickelt: da macht
sich das alte verrostete Messer hübsch pittoresk. Mit dem
Matrosen hat das gar nichts zu tun. Sie würden sich schön

bedanken, es so zu gebrauchen wie er, nämlich im Ernst. Sie gebrauchen es in Anführungszeichen.

[WB, 3.2.31, 185]

Es ist der grundlegende Irrtum aller Dilettanten, der lyrischen Damen, romantisierenden Lehrer und katholischen Familienblattschreiber: daß, wer ergriffen sei, dadurch schon den Leser ergreife. »Aber ich habe es doch mit Gefühl geschrieben!« Ergriffen zu sein, ist eine Voraussetzung – für ein Kunstwerk bedeutet es allein noch gar nichts. [WB, 29.3.32, 489]

Manchmal fröstelt die Literatur. Dann läuft ihr eine katholische Gänsehaut den Rücken herunter.

[WB, 3.2.31, 185]

Ja, wegen der fröstelnden Literatur: eine protestantische Gänsehaut gibt es nicht. [WB, 3.2.31, 185]

Der felsenfeste Glaube, mit dem sich jeder Autor eines Durchfalls auf die Nachwelt beruft, hat etwas Rührendes: der Fuß stiefelt in dicken Pfützen, aber das Auge sieht mit kälbernem Ausdruck in die Sterne einer neuen Zeit. So ist es immer gewesen. [GW 4, 1925, 146]

Es gibt Schriftsteller, die können sich viel vorstellen. Aber daß sie einmal nicht dabei sind, das können sie sich nicht vorstellen. In vielen Läden der Literatur herrscht heute großer Rumor, die Chefs nehmen das Inventar auf und blasen den Staub von den alten Stücken. »Frollein, da müssen doch noch ein paar nationale Sachen am Lager sein ...« Das Fräulein kramt sie hervor; wenn man sie etwas abputzt, sind sie noch wie neu, und bald wird – keine Sorge, ihr Lieben! – frische Ware hereinkommen. »Wir haben das nämlich immer geführt.« Nur nicht isoliert bleiben! Ein guter Bankier geht jeden Tag zur Börse, das ist das halbe Leben.

Kerle wie Mussolini oder der Gefreite Hitler leben nicht so sehr von ihrer eignen Stärke wie von der Charakterlosigkeit ihrer Gegner.

Um mich herum verspüre ich ein leises Wandern. Sie rüsten zur Reise ins Dritte Reich.   [WB, 26.1.32, 141]

»Bitte geben Sie mir zwölf Neuerscheinungen – ich möchte damit nach der Scheibe schmeißen!« – Das sagt leider keiner; der törichte Wettlauf mit den Schatten geht munter fort, als ob ein Buch dadurch besser wird, daß es eine Bauchbinde: »Soeben erschienen!« ziert!

[WB, 6.8.29, 210]

Man wirft viel zu wenig fort, viel zu wenig – gut acht Zehntel aller Bücher zum Beispiel kann man getrost vor der Lektüre fortwerfen, ein Zehntel nach der Lektüre.

[WB, 15.10.29, 593]

Manche Menschen lesen überhaupt keine Bücher, sondern kritisieren sie.   [GW 8, 1930, 173 f.]

Was die deutsche Buchkritik anlangt, so ist sie auf einem Tiefstand angelangt, der kaum unterboten werden kann.

[WB, 17.11.31, 750]

Es gibt so wenig brauchbare Buch-Kritiken, weil jeder Schriftsteller fälschlich annimmt, er könne, weil er Schriftsteller ist, auch Kritiken schreiben.

Bei den großen Schneidern liegen manchmal Empfehlungen von Schustern und Hemdenmachern herum. So sehn unsre Buchkritiken aus. [WB, 3.11.31, 674]

Jeder, der kritisch tätig ist, sollte täglich dreimal dieses Gebet beten: Damit, daß du kritisierst, bist du dem Werk nicht überlegen; dadurch bist du ihm nicht überlegen; dadurch bist du ihm nicht überlegen. [WB, 13.1.31, 59]

Wäre ich ein echter, rechter Buchbesprecher, so hätte ich mit »unerhört« und »fabelhaft«, mit »genialisch« und »Sensation« um mich zu werfen, denn so muß eine richtige Buchkritik sein. Es erscheint ein Buch über Dschingis-Khan, und Leute, die dieses Wort noch drei Wochen vorher nicht glatt buchstabieren konnten, machen dir einen hin, daß dir ganz mongolisch um die Nase wird.

[WB, 6.8.29, 212]

Ich möchte einmal eine Bücherbesprechung lesen, in der nicht das Wort »menschlich« vorkommt.

[WB, 24.1.28, 133]

Versuche, einen Roman zu schreiben. Du vermagst es nicht? Dann versuch es mit einem Theaterstück. Du kannst es nicht? Dann mach eine Aufstellung der Börsebaissen in New York. Versuch, versuch alles. Und wenn es gar nichts geworden ist, dann sag, es sei ein Essay –.

[WB, 28.4.31, 625]

Der deutsche Essay-Stil zeigt eine konfektionierte humanistische und soziologische Bildung auf, die welk ist und matt wie ihre Träger. [WB, 28.4.31, 625]

Was heute in Deutschland Essays schreibt, hat sich eine Sprache beigebogen, die schnattert und stelzt, die plappert und schnalzt, und ganze Fachterminologien werden aufgeboten, um den Herrn Autor als einen in allen Fakultäten bewanderten Mann dastehen zu lassen, immer im Magnesium-Blitzlicht einer falschen Bildung. Sie können nicht mehr sagen: »Der Tisch ist rund«, das wäre zu einfach; sie haben nichts zu Ende gedacht, alles ertrinkt in einer tranigen Majonäse, aus der man nur das ranzige Öl herausschmecken kann. [WB, 23.9.30, 481]

So, wie es, nach Goethe, Gedichte gibt, in denen die Sprache allein dichtet, so gibt es Essays, die ohne Dazutun des Autors aus der Schreibmaschine trudeln. Jenes alte gute Wort darf auch hier angewandt werden: der Essaystil ist der Mißbrauch einer zu diesem Zweck erfundenen Terminologie. Es ist eine ganze Industrie, die sich da aufgetan hat, und sie hat viele Fabrikanten. [WB, 28.4.31, 620]

(...) es gibt eine Plattheit der Gesinnung, eine Banalität der Erfindung, eine Warenhaushaftigkeit des Wesens, die drücken sich alle drei zuerst im Stil aus. Form ist Wesen. Schließlich muß es eine Grenze nach unten geben ... [WB, 13.1.31, 58]

Es gibt in der Kunst ein unumstößliches Gesetz. Was einer recht auffällig ins Schaufenster legt, das führt er gar nicht. Brecht keine Männlichkeit, Keyserling keine Weisheit und Spengler keine Ewigkeitsperspektiven.

[WB, 8.3.32, 378]

Manchmal, wenn ich nachts nicht einschlafen kann, weil ich zu viel Plumpudding gegessen habe, wälze ich mich im Bett auf und ab, weil wie ein Alpdruck etwas auf mir lastet: Hauptmanns siebzigster Geburtstag.

[WB, 24.1.28, 133]

Gerhart Shaw und Bernhard Hauptmann haben beschlossen, zur Verminderung der Reklamespesen ihre nächsten Geburtstage als 150. Geburtstag zusammen zu feiern.

[WB, 4.8.31, 181]

Shaw. So ernst, wie der heiter tut, ist er gar nicht.

[WB, 3.11.31, 673]

Wenn Stefan Zweig einen erkälteten Magen hat –: schreibt er sich dann etwas auf die eigne Bauchbinde –?

[WB, 14.4.31, 543]

Ich möchte einmal mit vorgehaltenem Revolver Rudolf Borchardt zwingen, von eins bis hundert zu zählen. Nur um zu sehen, was er für einen Dreh fände, nicht eine so gewöhnliche Sache tun zu müssen. Und wenn es zwischen 98 und 99 wäre: keine Sorge, es fiele ihm schon was ein. Aber Rudolf Borchardt zählt ja nicht.   [WB, 30.12.30, 99]

Bert Brecht hat einen schönen Dreh gefunden: das kleine Einmaleins in getragenem Sing-Sang vorzulesen, wie

wenn es die Upanishaden wären. Banalitäten feierlich auf-
sagen: das bringt vielen Zulauf.   [WB, 3.2.31, 185]

Es gibt Schriftsteller, die werden gedruckt, weil sie so bekannt sind: das sind die freien Schriftsteller.
    Und es gibt Schriftsteller, die sind so bekannt, weil sie
gedruckt werden: das sind die Redakteure.
    So verschieden ist es im menschlichen Leben.
                                         [WB, 24.1.28, 134]

Ist der Verleger ein Schwein, dann ist der Autor geliefert.
                                         [WB, 20.8.29, 285]

Die Welt zerfällt in groß und klein Gedrucktes*

Selbst die Nachrichten, die nicht in der Zeitung stehen, sind erlogen. [WB, 8.12.25, 880]

Und was in der Zeitung steht, ist nicht halb so wichtig wie das, was nicht drin steht. [WB, 19.1.32, 101]

Nachrichten wollen die Zeitungen, Nachrichten wollen sie alle. Die Wahrheit will keine. [GW 3, 1924, 436]

Der Nachrichtendienst ist das komplizierteste Lügengewebe, das je erfunden wurde. [WB, 13.10.21, 373]

Früher kamen die Ereignisse in die Zeitung; heute werden die Ereignisse von der Zeitung ereignet.

[WB, 19.11.29, 764]

Der Redakteur ist durchdrungen von dem Axiom, daß man kein Ereignis so wie es geschehen ist vermelden könne, und deshalb kommt ihm gar nicht mehr zum Bewußtsein, wie er die Wirklichkeit verfälscht.

[WB, 13.10.21, 373]

Die große Presse hat für die Geräusche in ihrem eignen Innern kein rechtes Ohr. Man kann wohl auch keinem Unternehmer zumuten, sich selbst einen Tadel ins Klassenbuch zu schreiben. [WB, 10.6.20, 696]

* WB, 16.3.22, 279

Der Chefredakteur einer großen süddeutschen Zeitung hat erklärt, daß sich sein Blatt in der Beurteilung der Krise geirrt habe; doch hoffen die Ärzte, den Kranken durchbringen zu können. [WB, 8.9.31, 379]

Ereignisse haben manchmal unrecht – die Zeitung hat es nie. [WB, 3.7.28, 24]

In der altdeutschen Ambraser Handschrift des Wolfdietrich findet sich auf Blatt 1104 ein Redakteur erwähnt, Wittich von Orendel, der soll einmal zugegeben haben, daß er sich geirrt hat. Ich halte die Stelle für apokryph. [WB, 13.1.31, 59]

Wahrheit breitet sich nicht aus,
hast die Zeitung du im Haus. [WB, 3.5.27, 705]

Nähme man den Zeitungen den Fettdruck –: um wieviel stiller wäre es in der Welt –! [WB, 3.11.31, 674]

Das haben wir eigentlich aus Amerika gelernt, nicht auf die Suppe, sondern auf den Topf zu gucken. Früher fragte man, wie eine Medizin wirke, heute, wie sie verpackt sei. Ein Königreich für einen Titel! [GW 1, 1914, 182]

Die Überschrift macht den Kohl fett, der sonst so fad wäre, daß ihn niemand schlucken möchte. [GW 1, 1914, 182]

Im Anfang war die Überschrift: Das kleinste Lausetelegramm kann durch geschickte »Aufmachung« zu einer Art Sensation werden. [WB, 16.12.24, 918]

»Aufmachung« bedeutet in der journalistischen Arbeit die große Konzession an die Denkfaulheit des Lesers und an seine Gier, niemals sachlich belehrt, sondern nur äußerlich gekitzelt zu werden. [WB, 28.10.20, 497]

Kein Zeitungsmann zerbricht sich den Kopf so über die Gewinnung neuer wichtiger Nachrichten wie über die Textierung des alten herkömmlichen Materials. Es hat sich nicht geändert – aber es wird jetzt feiner verpackt.

Die Weltgeschichte fix und fertig für den Gebrauch von Schwachsinnigen. [WB, 16.12.24, 919]

Die Wirklichkeit, wie sie die Zeitung serviert, hat ein Sieb passiert. Was da steht, das ist nicht die Welt.

Das ist:

Die Welt
Gekürzte Volksausgabe und für den Schulgebrauch
bearbeitet.

Man sollte sich lieber an das Original halten.

[WB, 13.10.21, 376]

Sehe ich mir die Tagesliteratur an, dann denke ich manchmal: Das haben sich die Schreibmaschinen allein gedichtet. [GW 9, 1931, 99]

Und wenn ein Redakteur gar nicht mehr weiß, was er bringen soll: Busen ist immer gut. Schenkel ist immer gut. Popo ist immer gut. [WB, 4.11.30, 702]

Korrupt ist die Presse, die den niedrigsten und schmierigsten Instinkten ihrer Leser so weit entgegenkommt, daß sie ihre Hunde auf die Jagd schickt. Und sogar die Etymologie wird's bestätigen: der Hauptbestandteil eines Erpressers ist die Presse. [GW 1, 1914, 242]

Die Presse wäre viel weniger unausstehlich, wenn sie sich nicht so grauslich wichtig nähme. [WB, 3.11.31, 674]

Die Tatsache, daß zwei Menschen miteinander ins Bett gehen, kann ich nicht so grauenhaft aufregend finden wie unsre halbe Literatur und unsre ganze Presse.

[WB, 23.9.20, 336]

Der geschickte Journalist hat eine Waffe: das Totschweigen – und von dieser Waffe macht er oft genug Gebrauch.

[WB, 13.10.21, 373]

Bei einem französischen Zeitungsartikel muß man sich immer fragen: »Was will der Mann?« und: »Wer hat ihn dafür bezahlt?«

Bei einem deutschen Zeitungsartikel muß man sich fragen: »Was verschweigt er?« und: »Wer hat ihn dafür auf die Schulter geklopft?« [WB, 22.12.31, 934]

Eine Pressefreiheit gibt es nicht, so man nämlich fragt: »Frei wovon?« [WB, 26.5.31, 778]

Es ist nicht mehr möglich, zu sagen: »Es gibt in Spanien kleine Gürkchen, die ich in Deutschland noch niemals gefunden habe – etwas sehr Erfrischendes und Wohlschmeckendes«, ohne daß der »Reichsverband Deutscher Gurkenbesitzer« in einem feierlichen Schreiben Protest einlegt. Die deutschen Gurken seien viel schöner. Die spanischen seien ein Dreck. Außerdem gebe es in Deutschland überall die spanischen Gurken. Leider. Gott sei Dank . . . »und denn doch in Wahrnehmung unserer Verbandsinteressen bitten müssen, den schwergeprüften Gurkistenstand, der schon so schwer zu kämpfen hat, durch eine sofortige Richtigstellung . . .« (Wahrscheinlich wird jetzt ein Schreiben des betreffenden Gurkenverbandes kommen, er heiße anders, und solche Gurken, wie dem seine Gurken . . .) Und da gibt es kaum ein Blatt, kaum einen Verlag, kaum ein Theater, die nicht gleich, wie Polgar das nennt, »mit eingezogenem Selbstbewusstsein« den Rückzug antreten. Wovor haben sie Furcht?

Vor dem Boykott. [WB, 22.10.29, 623]

Eine Tageszeitung wird bekanntlich vom Leser geschrieben. Da der Leser keine Zeit hat, sie selbst zu schreiben – denn eine Talentfrage ist dies nicht –, so beauftragt er damit die Redakteure. Die schreiben genau das, was der Leser schriebe, wenn er schreiben könnte.

[GW 4, 1926, 34]

Würde eine Zeitung in der Form, im Stil und im Inhalt wirklich einmal nach dem Leserniveau gemacht, man würde staunen über diese Kindlichkeiten. [RW, 1913, 64]

Es gibt schon eine Menge Leute, die nicht deutsch, sondern Zeitungsdeutsch sprechen und die, statt einen komplizierten Seelenvorgang zu untersuchen, das Wort ›Lebenswandel‹ vorziehen. [GW 1, 1914, 182]

(...) was ein richtiger Berichterstatter ist, der protzt erst einmal seine Leser ein bißchen an   [RW, 1924, 241]

Ein schlechter Journalist ist noch kein Philosoph.

[WB, 24.1.28, 133]

Die deutsche Presse, die auf Sauberkeit hält, sollte sich die Pressestellen abschminken.   [DT, 1920, 214]

In den Zeitungen haben sie jetzt in Firma Niveaulos & Kultur schreibende Damen angestellt, die in der Tat so dumm daherplappern können wie Papageien, die lange bei einem Dichter gestanden haben ... Man decke diese Vögel zu; es sind auch mondäne Kakadus aus Kunstseide darunter: die rupfe man.   [WB, 8.5.28, 718]

Schmock in Schlüpfern.   [WB, 8.1.29, 59]

Manche Zeitschriften halten sich nur durch die Freiabonnenten.   [WB, 27.5.30, 800]

Das Malheur ist nicht, daß die Leute Zeitungen lesen. Das Malheur ist, daß sie meist nur eine Zeitung lesen. Ihr Blatt. Das Blatt.   [WB, 16.3.22, 279]

Für viele zu viele ist die Zeitung immer noch der Hort objektiver Nachrichten. Sie ists heute weniger denn je.

[DT, 1920, 213]

Verleger sind keine Menschen. Sie tun nur so.

[GW 3, 1921, 98]

Der deutsche Zeitungsverleger ist ein ängstlicher Mann; er will Geld verdienen, was ihm kein Mensch übel nimmt, und er will nur Geld verdienen, was ihm sehr übel zu nehmen ist.

[WB, 31.5.32, 814]

Die Furchtsamkeit der Verleger geht ins Aschgraue.

[WB, 31.5.32, 815]

Da sitzt nun der Verleger auf seinem Stühlchen und hat: eine Zeitung, Größenwahn und Angst.

Er hat Angst vor den Berufen. Er hat Angst vor den Frauen. Er hat eine gradezu maßlose Angst vor allen Behörden.

[WB, 31.5.32, 815]

(...) der Redakteur gleicht seine Machtlosigkeit vor dem Verleger durch Machtprotzerei vor dem Mitarbeiter aus.

[WB, 7.6.32, 857]

Meine Generation hat Französisch fast immer im Hauptfach, und Englisch nur gelernt, wenn sie es wollte. So sieht auch ihr Stil aus. Wir haben noch heute Leitartikler, die so schreiben, wie man sich im Jahre 1890 in Posen den französischen Stil vorstellte.

[RW, 1926, 304]

Erst denken sie nicht, und dann drücken sies schlecht aus.

[WB, 10.1.28, 71]

Gott segne die Presse, denn sie kann nichts dafür.

[WB, 24.5.27, 839]

Denn nichts ist so groß
wie die Gruppeneitelkeit.*

Wenn man ganz sichergehen will, gleich eine ganze Kompanie auf Jahre hinaus zu verärgern, dann braucht man nur Witze über einen Stand zu reißen. Man tue es – gehe aber unmittelbar nach Begehung des Delikts außer Landes.
[GW 10, 1924, 158]

Jeder Schlosser hat heute ein »Berufsproblem« und jeder Privatdozent hält sich für den Nabel der Welt; mit der Stirn am Boden, über dem demütig gebeugten Kopf ein Opfertier (wahrscheinlich einen Hammel) haltend, so hat sich der Gläubige dem Tempel zu nahen. Es ist aber gar kein Tempel da.
[WB, 16.3.26, 418]

Wir haben Gärtnerburschen, deren Lehrherren glauben, daß Rosenschneiden ohne Abitur nicht die richtige Würze habe
[GW 8, 1930, 161]

Erst kommen sie gar nicht. Dann kommen sie. Dann gehen sie gleich wieder weg: sie haben nämlich ein Handwerkszeug vergessen. Kein Wunder; wenn man ihren Handwerkskasten sieht, so liegen da in schwärzlichem Durcheinander alte Hämmer, Zangen, abgebrochene Stiele, krumm geschlagene Nägel, eine Feile und etwas schmutziger Bindfaden.

Dann kommen sie wieder. Dann gehen sie frühstücken. Dann kommen sie und sagen: »Ja, das funkt nicht ...«

* GW 10, 1924, 158

Und dann gehen sie wieder weg. Und dann kommen sie wieder und arbeiten furchtbar, drecken die ganze Wohnung ein, hämmern und klopfen ... dann gehen sie wieder weg. Dann probierst du, was sie gemacht haben. Das funktioniert nicht. Und dann fängt alles wieder von vorne an. [WB, 24.6.30, 959]

Ihr wißt ja, wie ein Fachmann ist –: hat er eine Sache zwanzig Jahre falsch gemacht, dann wird sie ein heiliges Ritual, und wir andern haben da nichts dreinzureden. Pfirsich-Melba wird in hohen Schalen serviert, basta. Wems nicht paßt, der bestelle sich Harzer Käse. Den ißt man parterre. Pfirsich-Melba aber erste Etage.

[GW 8, 1930, 245]

Ein Fachmann, der nichts ist als ein Fachmann, ist ein Esel. [WB, 6.8.29, 213]

Laß dir von keinem Fachmann imponieren, der dir erzählt: »Lieber Freund, das mache ich schon seit zwanzig Jahren so!« – Man kann eine Sache auch zwanzig Jahre lang falsch machen. [WB, 8.3.32, 378]

Diese aufgeblasene Eitelkeit, die immer und immer mehr bei uns einreißt, diese Sucht, dem gemeinen Haufen nur ja den Aspekt eines zu geben, der über den Wolken schwebt – wie dumm, wie hohl und vor allem: wie unpraktisch ist dies Theater! [WB, 14.4.25, 563]

Die Psychoanalytiker, die an keiner Tischkante vorbeige-
hen können, ohne in ihr einen verkappten Phallus zu ver-
muten [WB, 15.4.20, 445]

Wenn zwei Ärzte derselben Meinung sind, dann ist einer
davon gar kein Arzt. [WB, 21.10.30, 620]

(...) die Ärzteschaft, dieses überschätzteste Volk unter
der europäischen Sonne. [WB, 26. 7. 1923, 81]

»Arzt sein heißt: der Stärkere sein«, hat Schweninger gesagt. Krankenkassen-Patient sein heißt: der Schwächere
sein. [WB, 8.3.32, 378]

Und so vegetieren die betrogenen Massen
als Zwangsabonnenten von Ortskrankenkassen.
[WB, 3.6.30, 834]

Heiliger Äskulap! der du die Ärzte eingesetzt hast, auf
daß sie eine Beschäftigung haben, sowie die meschug-
genen Patienten, auf daß sie Valerian bekommen, so es
Kassenpatienten sind, und Insulin, so sie es bezahlen können; der du die Heilmethoden erfunden hattest, die da
wechseln wie die Hutmoden und kleidsam sind bis zum
Exitus; der du alljährlich auf die Menschheit einen ganzen Waschkorb junger Doktoren losläßt, und die den
Herrn Wendriner mit Fremdwörtern und dem neuen Me-
dikament Eizeïn behandeln; der du den medizinischen
Spießer zum Erzpriester machst, weil der Patient seinen
Wundermann braucht ...
    Heiliger Äskulap! der du die Chirurgen geschaffen hast,

auf daß das Überflüssige am Menschen entfernt werde, und die Hals-Spezialisten, auf daß die Chirurgen nicht alles allein operieren; der du die Gynäkologen schufest, die zu Ende führen, was der Ehemann so unvollkommen angefangen; welches Wunder, daß diese Ärzte noch Frauen lieben – aber siehe: grade diese lieben Frauen! Der du Homöopathen und Allopathen schufest, damit der Kranke wenigstens weiß, wovon ihm schlecht wird; sowie auch die Hautärzte, die sich über gar nichts mehr wundern; und die Psychiater, die aus Seelenverwandtschaft mit den Verrückten die Geisteskrankheiten sogar beim Vornamen benennen können …

Heiliger Äskulap! der du die Doktoren geschaffen hast, deren Wissen zusammenknallt, wenn sie selber einmal Patienten sind; Mediziner, die so lange Fortschritte machen, bis sie wieder bei Hippokrates angelangt sind –:

gepriesen werde dein Name –!

Amen.

[WB, 21.10.30, 621 f.]

Es gibt nur fünfzehn Medikamente, seit Hippokrates selig, und doch ist es einer weitentwickelten Industrie von Chemieunternehmen und den Fabriken zur serienweisen Herstellung von Ärzten gelungen, aus diesen zehn Medikamenten vierundvierzigtausendvierhundertundvierundvierzig gemacht zu haben; manche werden unmodern, die werfen wir dann fort. [WB, 16.9.30, 458]

Er war eitel wie ein Chirurg, rechthaberisch wie ein Jurist und gutmütig wie ein Scharfrichter nach der Hinrichtung. [WB, 26.1.32, 140]

Eitel oder nicht eitel – jeder hat seinen Sparren. Aber wenn einer so töricht ist, daß er seine Eitelkeit auch noch plakatiert, dann können Sie darauf schwören: das ist ein Musiker.   [WB, 4.3.30, 369]

Musiker sind nicht eitel – sie bestehen aus Eitelkeit; die Eitelkeit ist ein lebensnotwendiger Bestandteil ihres Wesens. Wären sie nicht eitel, sie wären nicht.

[WB, 24.7.28, 131]

Betritt die Liedersängerin Gertrud Werschke-Spontini den Saal, so hat das Publikum in einen Orkan der Verzükkung auszubrechen, ein ff. Schauer hat durch den Saal zu gehen, und jüngere Damen sind gehalten, vor innerer Erregung an ihren Taschentüchern zu zerren. Nach jeder Gesangspièce hat die Versammlung das Te Deum, das Credo oder im Bedarfsfalle das Kol Nidre anzustimmen; nach Schluß der Vorstellung dürfen Blumen geworfen werden, Früchte nicht; Zugaben haben erbettelt zu werden, bis der Saaldiener das Licht löscht.

[WB, 4.3.30, 370]

Um Verstimmungen vorzubeugen, sind die Künstler nach Dienstgraden gestaffelt zu begrüßen. Bassisten mit mittlerem, wenn auch riesigem Beifall; Sopranistinnen mit stürmischem Originalbeifall, Altistinnen mit Jubel; Koloratursängerinnen mit nicht-enden-wollendem Applaus und Tenöre mit dem aus Damenkehlen scharf ausgestoßenen Rufe: »Nimm mich hin beziehungsweise her!«

[WB, 4.3.30, 370]

Reproduzierende Musiker sind die dümmsten Menschen
der Welt. [WB, 4.3.30, 369]

Der Musiker denkt nicht, sondern macht Musik.

[DT, 1913, 61]

Die Große Berliner Welteinstellung
ist eröffnet!*

Der durchschnittliche städtische Mitteleuropäer befindet sich fast immer im Vorstadium der Neurose.

[WB, 14.10.30, 581]

Wenn der Londoner aus New York, der Pariser aus London, der Berliner aus Paris und der Gubener aus Berlin kommt, dann stellt er sich vor Piccadilly, Place de l'Opéra, den Potsdamer Platz und das Stettiner Tor und sagt: »Dieser Verkehr hier ... also das sind ja Witzchen. Da müßtet ihr mal ...!« Niemand ist so stolz auf die Großstadt wie der Kleinstädter.   [WB, 13.10.25, 571]

Berlin ist kein Maßstab, ich weiß. Denn was diese Stadt an eigener Geistigkeit produziert, geht auf die Haut einer Kuh des Paläh de danx.   [GW 1, 1913, 106]

Über dieser Stadt ist kein Himmel.   [GW 2, 1919, 129]

Es gibt zwei Sorten von Berlinern: die »Ham-Se-kein-Jrößern?«-Berliner und die »Na – faabelhaft«-Berliner. Die zweite Garnitur ist unangenehmer.   [WB, 19.1.26, 111]

Berlin S. arbeitet, Berlin N. jeht uff Arbeet, Berlin O. schuftet, Berlin W. hat zu tun.   [WB, 13.10.25, 571]

* WB, 14.8.24, 270

Berliner Geschäfte kommen nicht durch ihre Unternehmer, sondern trotz ihrer Unternehmer zustande.

[GW 8, 1930, 343]

In dieser Stadt wird nicht gearbeitet –, hier wird geschuftet.

[GW 2, 1919, 129]

Der Berliner ist nicht fleißig, er ist immer aufgezogen. (...) Er würde auch noch im Himmel – vorausgesetzt, daß der Berliner in den Himmel kommt – um viere ›was vorhaben‹.

[GW 2, 1919, 129]

Wenn es keine Berliner gäbe: das Telefon hätte sie erfunden.

[GW 5, 1927, 136]

Der Berliner ist ein Sklave seines Apparats. Er ist Fahrgast, Theaterbesucher, Gast in den Restaurants und Angestellter. Mensch weniger.

[GW 2, 1919, 130]

Berlin ist nie unberlinischer, als wenn es berlinisch sein will.

[GW 7, 1929, 67]

Die tiefe Unsicherheit gewisser berliner Typen, die um Gottes willen auch nicht um eine Nasenlänge hinter dem garantiert Modernsten zurückbleiben wollen, denen beim Lauf um das Arriviertsein die Zunge aus dem Maule hängt – wie kläglich ist das mit anzusehn! Und noch, wenn sie nach Tibet reisen, so tun sies vor allem in dem wonnevollen Gefühl, daß die Konkurrenz noch nicht da war, und Konkurrenz ist jeder. Nur nicht hinten liegen! Nur immer dabei sein!

[WB, 4.1.27, 23]

Und immer, wenn ich die eiligen, hetzenden und drängenden Berliner sehe, wie sie emsig und hart um sich blicken, daß auch ja keiner mehr habe als ihm zusteht, also, als sie selbst besitzen: dann fällt mir jener alte Mann ein, der vom Fenster seiner Parterrewohnung aus die Leute in der Gasse narrte: »Am Neuen Tor läuft ein Lachs!« Und er schmunzelte nicht schlecht in seinen Bart, als sie davoneilten, den laufenden Lachs zu sehen. Als aber die Gasse schwarz war von Schwatzenden und Drängenden, da wurde ihm nachdenklich zumute, und er sah seinen Spazierstock an und ergriff ihn und sprach: »Vielleicht läuft doch ein Lachs –?« Und schon stand er auf der Gasse.

[WB, 4.1.27, 23]

Die Berliner sind einander spinnefremd.

[GW 2, 1919, 130]

In die zweite Klasse der Berliner Stadtbahn steigt ein Arbeiter, bewaffnet mit einem Billett dritter Klasse. Eine Dame sagt empört: »Damit dürfen Sie aber nicht zweiter Klasse fahren! Sie müssen umsteigen!« – Da sagt der Arbeitsmann: »Ick will Sie mal wat sagen. Jetzt is Revolution, da jibt et keene Klassenuntaschiede. Ick kennte zum Beispiel du zu dir sagen, ick will et aber nich!«

[RW, 1918, 83]

In Berlin leben die Leute gegeneinander, in Paris leben sie ineinander, in Kopenhagen leben sie miteinander.

[RW, 1932, 424]

Der Berliner kann sich nicht unterhalten. Manchmal sieht man zwei Leute miteinander sprechen, aber sie unterhalten sich nicht, sondern sie sprechen nur ihre Monologe gegeneinander. Die Berliner können auch nicht zuhören. Sie warten nur ganz gespannt, bis der andere aufgehört hat, zu reden, und dann haken sie ein.

[GW 2, 1919, 130]

Wenn alle Leute erster Klasse fahren, ist die erste Klasse keine erste Klasse mehr. Berlin hat die Aristokratie des Durchschnitts erfunden. [WB, 24.1.28, 134]

Berlin hat eine Gesellschaft, aber keine exklusive, weil jeder inklusive ist. [RW, 1925, 292]

Berlin vereint die Nachteile einer amerikanischen Großstadt mit denen einer deutschen Provinzstadt. Seine Vorzüge stehen im Baedeker. [GW 2, 1919, 130]

Es gibt keine geborenen Großstädter.
   Der Berliner sagt, er sei in Breslau geboren, stammt aber aus Posen; der Pariser ist aus Tunis und bestenfalls aus Frankfurt, der Wiener aus Czernowitz und der New Yorker aus Württemberg. Nur die Prager sind aus Prag, und das ist ihnen ganz recht. [WB, 16.2.26, 266]

Wenn in Berlin – und wohl überhaupt in Deutschland – einer eine städtische Bauaufgabe zu lösen hat, dann reißt er erst mal ›den ganzen Zinnober‹ runter. Jetzt wird *er* mal zeigen, was er kann! [GW 3, 1924, 457]

Nach eifrigem Studium bin ich dahintergekommen, daß die berliner Briefkästen überhaupt nicht angebracht sind – sondern der Briefkastenvogel ist über die Stadt dahingeflogen und hat sie, hier einen Klacks und da einen, einfach fallen lassen. Und da backen sie nun fest, irgendwo: am Vorgitter einer ganz stillen Straße, verschmitzt an der Rückseite eines Bahnhofs; verborgen unter Bäumen und fast unsichtbar um die Ecke ... [DT, 1928, 645]

Die Besucher einer berliner Premiere wollen Goethe, plus Dante, plus Brecht, plus Bruckner, plus Claudel; die Besucher der 50. Aufführung wollen das Dreimäderlhaus. Nun mach du in Berlin Theater. [WB, 24.1.28, 133]

Aber unser berliner Publikum ist kein Untier, – es ist nur dumm. [DT, 1912, 39]

Der Berliner – und vielleicht ists überall so – wandelt seine Genies gern in Talente um, weil die leichter zu begreifen sind. Hat das Genie noch irgendein Talent – schön. [GW 1, 1914, 164]

(...) dies ist oberster Grundsatz in Berlin: Alles ist verboten. Und alles wird geschoben. [GW 2, 1920, 437]

Soziusse kommen in Berlin wild vor. [GW 8, 1930, 342]

Vier Männer hatten ein Gelübde abgelegt, am ersten Januar hundert Mark in eine Wohltätigkeitskasse einzuzahlen: ein Hamburger, ein Berliner, ein Rheinländer und ein Sachse. Der Hamburger hielt das Gelübde. Der Rheinlän-

der vergaß es. Der Berliner zahlte am 15. Juni eine Mark
achtzig à conto, mit der Begründung, sein Sozius sei ver-
reist. Der Sachse wußte ärschd gahrnischd von dr Sache,
wurde verklagt, stellte vor der Urteilsverkündung einen
Wechsel über die Summe aus, ließ ihn zu Protest gehen ...
Ich komme gelegentlich vorbei, um zu sehen, was aus der
Geschichte geworden ist.   [WB, 13.10.25, 570 f.]

Einmal machten die Völker einen Wettbewerb: wer am
weitesten sehen könne.

Der Franzose sah bis zum nächsten Arrondissement.
Der Engländer sah über die ganze Welt, sie spiegelte ihn.
Der Berliner sah vom Kurfürstendamm über die Spree
hinweg bis zum Alexanderplatz und glaubte, was dazwi-
schen läge, sei Amerika und der Atlantische Ozean. Der
Wiener sah gar nicht hin: er las einen herrlichen Beleidi-
gungsprozeß in seiner Zeitung.   [WB, 2.3.26, 345]

Die menschliche Dummheit ist international.*

Die Nationen wurden aufgefordert, einen Kreis zu zeichnen.

Der Amerikaner trat an mit einer Kreiszeichnungsmaschine, the biggest of the world; der Engländer zeichnete freihändig einen fast einwandfreien Kreis, der Franzose ein reichgeschmücktes Oval, der Österreicher sagte: »Gehns – mir wern uns do net herstelln« und pauste den englischen Kreis durch. Die Deutschen lieferten ein Tausendundsechsundneunzig-Eck, das fast wie ein Kreis aussah, es war aber keiner. [WB, 2.3.26, 344]

Der Deutsche fragt: Was ist der Mann? Der Amerikaner fragt: Wie viel ist der Mann wert? Der Franzose fragt: Aus welcher Familie ist er? Der Wiener fragt: Wo schreibt er? Der Budapester fragt gar nicht: er kennt den Mann und ist ihm Geld schuldig. [WB, 13.10.25, 570]

Der Deutsche denkt sichs aus; der Italiener erfindets; der Engländer setzt es in die Praxis um; der Amerikaner kauft das Patent; der Japaner machts nach; der Spanier wills gar nicht haben; bei dem Norweger spricht sichs langsam herum – und der Franzose ernennt alle Beteiligten zu Mitgliedern der Académie Réaumur. Hierauf schreibt der erstaunte Deutsche eine Bibliographie des Vorfalls.

[WB, 25.11.24, 804]

* WB, 15.12.31, 895

Man ist in Europa ein Mal Staatsbürger und zweiund-
zwanzig Mal Ausländer. Wer weise ist: dreiundzwanzig
Mal. [WB, 25.11.24, 804]

Europa hat noch nie so viel Nationen und Staaten gesehen wie heute. Innerhalb der Staaten geht das Spiel weiter – oder wollen etwa die Franken dulden, daß die Stam-
meseigenart der Mittelfranken bei ihnen unterdrückt
werde? »Die thüringischen Belange« (was man am besten
wie »Melange« ausspricht); die Pfälzer verlangen; die
Hannoveraner drohen – je eine halbe Million, wenns viel
ist. Europa spielt. Es scheint die Idee kurz vor dem Höhepunkt ihres Umkippens in das Gegenteil zu sein, wie zu
hoffen steht. Statt wirklich zu sehen, wie die Schichtgren-
zen laufen, amüsieren sie sich mit Fahnen, Grenzpfählen,
Ministerpräsidenten – und spielen »fremd«.

Gott segne diesen Erdteil! Er hat es nicht anders ver-
dient. [WB, 28.8.24, 334]

Die falschen Staaten von Europa: England, Frankreich,
Spanien, Italien, Ungarn, Preußen, Estland, Lettland, Ru-
mänien, Bayern. Die Grenzen stehen fest. Die richtigen
Staaten von Europa: Arbeitslose, Arbeitsmänner, Arbeit-
geber und Nutznießer fremder Arbeit. Die Grenzen flie-
ßen. [WB, 25.11.24, 804]

Unter der gleichen Tünche von Religion, Telephon, Kino,
Presse und Polizei offenbaren die europäischen Staaten
in der Tiefe ihre eigentlichen Charaktere: Golf, Stier-
kämpfe, Ordensbändchen, Skat, Theaterklatsch und Pa-
prika. Über die Religion und die andern abstrakten Dinge

läßt sich handeln – in diesen Nationaleigentümlichkeiten
sind die Vereine von unnachgiebig strenger Individuali-
tät.   [WB, 25.11.24, 804]

Worauf man in Europa stolz ist
Dieser Erdteil ist stolz auf sich, und er kann auch stolz
auf sich sein. Man ist stolz in Europa:

Deutscher zu sein.

Franzose zu sein.

Engländer zu sein.

Kein Deutscher zu sein.

Kein Franzose zu sein.

Kein Engländer zu sein. (...)

[WB, 8.11.32, 687 f.]

Auf der Straße liegt ein toter Mann. Der Deutsche legt
ihn rechts; der Engländer prüft, ob er sich nicht etwa
das Leben genommen hat; der Franzose klebt ihm eine
Stempelmarke auf den Bauch – und Mussolini läßt auf
alle Fälle dementieren, er sei es nicht gewesen.

[WB, 25.11.24, 804]

Wenn man auf dem Broadway nach dem 15. September
einen Strohhut trägt, wird einem dieser, nach dem Sprich-
wort, vom Kopf geschlagen. Aber hast du schon einmal
gehört, daß jemand einem Amerikaner, der in Europa
geistig die Füße auf den Tisch legt, leise auf die Schulter
klopft und sagt: »Sie! Bei uns dürfen Sie das nicht machen.«?   [WB, 24.1.28, 133]

Die Engländer werden mit ihren Arbeitslosen nicht fertig; die Franzosen quälen ihre Strafgefangenen, die männlichen in Guayana und die weiblichen in Rennes, daß es einen Hund jammern kann; die Jugoslawen quetschen mißliebigen Politikern die Fingernägel ab, die Ungarn den ihren die Hoden, und die Rumänen befassen sich liebevoll mit den gefangenen Frauen – alle, alle aber sind sich darin einig, daß das Sowjetsystem ein verrottetes System sei. So verschieden ist es im menschlichen Leben!

[WB, 26.5.31, 777]

Wenn ein Franzose einen Vertrag unterschieben hat, dann hält er ihn. Doch bevor er ihn unterschreibt, macht er unendliche Geschichten, in Verlauf derer man junge Hunde kriegen kann. Und dann unterschreibt er ihn nicht. Es sind kleine Leute, wie?

Wenn ein Deutscher einen Vertrag unterschrieben hat, ist der Vorfall für ihn erledigt, und er ist höchst erstaunt, wenn er ihn nun auch noch erfüllen soll. Dann gibt es ein großes Lamento und viel Geschrei der Rechtsanwälte. Aber er unterschreibt jeden Vertrag. Es sind großzügige Leute.

[WB, 3.11.31, 673 f.]

Einmal tauchte eine falsche Tausend-Francs-Note auf.

Der Franzose sparte sie. Der Engländer steckte sich seine Pfeife damit an. Der Deutsche lieferte sie an seine Fürsten ab, bekam sie zurück und zahlte eine Lebensrente als Entschädigung. Der Ungar erkannte sie wieder, nahm sie und gab falsch heraus.

[WB, 16.2.26, 266]

Nach dem Sündenfall vergißt der Franzose eine Frau, der Engländer heiratet sie, der Rumäne verschafft ihr einen Mann, der Deutsche fängt einen Prozeß mit ihr an, und der Amerikaner heiratet sie vorher.   [WB, 2.3.26, 345]

Sieben internationale Züge fuhren einmal langsam hintereinander auf einer Strecke, und der Mann im Bahnwärterhäuschen sollte sie an einer bestimmten Stelle durch Zuruf aufhalten.

Zum französischen Lokomotivführer wurde heraufgerufen: »Alle Eisenbahner haben Steuerermäßigung! Halten verboten!« – da bremste er sofort;

zum Spanier: »Stiergefecht! Hier gleich in der Nähe!« – da wollte er bremsen, vertagte es aber auf morgen;

zum Deutschen: »Die reine Apperzeption des Seins in der relativ scheinenden Bewegung wird hierorts bestritten!« – da sagte der Deutsche: »Sooo –?« und stieg ab, um alles recht zu bedenken, und wenn er nicht in den Krieg gezogen ist, steht er da heute noch;

zum Italiener: »Bitte stoppen!« – »Giovinezza!« sang der und legte ein wildes Tempo vor, weil er das für faschistischer hielt, der Weichensteller kam merkwürdigerweise mit dem Leben davon;

und zum Sachsen: »Wenn Sie anhalten, kriegen Sie gratis einen Rundfunksender!« – da kletterte der Sachse im Fahren von der Maschine, holte sich den Sender, grüßte reisfreundlich und fuhr weiter.

Nur zwei ließen sich auch durch die schönsten Zurufe nicht beirren. Der Engländer, weil er es so wollte. Und ein deutscher Demokrat. Der hatte nichts gesehn und nichts gehört und fuhr still seine Bahn.   [WB, 2.3.26, 345]

Vom Nationalstolz. Einem Norweger wurde in Kopenhagen der dicke, runde Turm gezeigt, in dessen Innern man auf einer spiralförmigen Rampe mit Pferd und Wagen hinauffahren kann, »Habt ihr so etwas auch in Norwegen?« wurde er gefragt. »Nein«, sagte der Mann aus Oslo beleidigt. »Aber wenn wir so einen Turm hätten, dann wäre er höher und runder!«   [WB, 5.7.32, 23]

Es waren einmal ein Schwede und ein Däne, die hatten einander so lieb. Das kam aber daher, daß sie gemeinschaftlich auf einen Norweger schimpften.

[WB, 31.7.24, 180]

In Spanien gründeten sie einmal einen Tierschutzverein, der brauchte nötig Geld. Da veranstaltete er für seine Kassen einen großen Stierkampf.   [WB, 29.3.32, 489]

Grenzvölker habens nicht leicht. Sie meiern sich zunächst an den Mächtigern an, werden wegen Überpatriotismus zurückgewiesen, ziehen sich nunmehr voll Haß auf ihren eignen Patriotismus zurück und entrollen »Grenzprobleme«. Zum Schluß glaubt ihnen niemand mehr. Sie sich übrigens auch nicht.   [WB, 16.2.26, 266]

Ein Fremder stand auf dem Lido und blickte träumerisch in die glutenden Abendgluten der Lagunen. Gut. Da tippte ihm jemand von hinten auf die Schulter. Und als er sich jäh umwandte, da stand vor ihm ein herrlich schöner Jüngling, der deutete mit der Rechten auf das Wasser und sagte erklärend: »Il mare!« Und hielt die Linke bittend hingestreckt.   [WB, 31.7.24, 180]

Als der liebe Gott die Welt geschaffen hatte, bekam er von einem Franzosen den Renan-Preis im Weltschöpfen. Er mußte aber eine Stempelmarke für 25 centimes kaufen.

[WB, 31.7.24, 179]

Ein Löwe fraß einmal einen durch sein Gebiet reisenden Russen. Als der im Bauch angelangt war, bewies er dem Tier haarscharf, daß es ein Unrecht sei, Menschen zu fressen. Der Russe hatte recht. Der Löwe hatte verdaut.

[WB, 31.7.24, 180]

Einmal wurde ein besonders unanständiger, besonders kniffliger Witz erzählt. Der Tscheche verstand ihn sofort, der Italiener gleich, der Holländer nach einer halben Stunde und die Dame aus Hamburg nie. Der Grieche kannte ihn.

[WB, 31.7.24, 180]

Ein Mann fiel vom Mond. Die Deutschen legten ihn auf die rechte Straßenseite; die Franzosen fragten: »Vous venez de la part de qui –?«; die Italiener zogen sich scheu zurück, denn sie hielten ihn für einen Spitzel Mussolinis; die Dänin beschnupperte ihn und sagte: »Ist er nicht der geschiedene Mann von Frau Johannsen –?« Hierauf begab sich der Mann wieder zum Mond zurück.

[GW 8, 1930, 147 f.]

Wenn die Amerikanerin so lieben könnte, wie die Deutsche glaubt, daß die Französin es täte –: dann würde sich die Engländerin schön freun. Sie hätte einen herrlichen Anlaß, sich zu entrüsten.

[WB, 16.2.26, 266]

Wenn sie beerdigt werden, machen sie das so:

Der Deutsche läßt sich seine Orden auf einem Kissen nachtragen und ist noch im Sarge stolz auf Trauerrede und Beteiligung.

Der Franzose bestellt sich ein Leichenbegängnis 1. Klasse, die Leiche vermerkt mit Bedauern, daß nur vierundvierzig Kerzen in der Kirche brennen.

Der Grieche kommt eine Kleinigkeit zu spät zu seiner Beerdigung – er war noch rasch beim Friseur.

Der englische Lord hält auf respectability und gibt nicht zu erkennen, daß er gestorben ist, er bleibt im Oberhaus würdig sitzen.

Der Wiener liegt im Grabe zunächst verhältnismäßig still, aber zum ersten Wurm, der angekrochen kommt, sagt er: »Sie! I hab g'hert, die Ada hat an Italiener g'heirat? Woos? Das is nich wahr? In meinen Augen sind Sie an Wurm, an dreckiger!« Und das stimmt dann auch.

[WB, 16.2.26, 266]

Die Dänen sind geiziger als die Italiener. Die spanischen Frauen geben sich leichter der verbotenen Liebe hin als die deutschen. Alle Letten stehlen. Alle Bulgaren riechen schlecht. Rumänen sind tapferer als Franzosen. Russen unterschlagen Geld. Das ist alles nicht wahr – wird aber im nächsten Kriege gedruckt zu lesen sein.

[WB, 25.11.24, 804]

In Europa ist viel über den Krieg nachgedacht worden.

Die Engländer taten es vorher, die Franzosen während des Krieges, die Deutschen nachher.   [WB, 2.3.26, 344]

Die Holländer wollen Frieden; der Franzose will keinen Krieg; der Engländer will keinen Frieden; und der Deutsche will, daß die andern mit ihm Krieg anfangen.

[WB, 16.2.26, 266]

Der Amerikaner hält sich für den ersten Mann der Welt, weil er kein Farbiger ist.

Der Engländer hält sich für den ersten Mann der Welt, weil er Engländer ist.

Der Deutsche hält sich für den ersten Mann der Welt, weil er die Juden und die Franzosen haßt; was er selber ist, weiß er nicht genau.

So verschieden ist es im menschlichen Leben.

[WB, 15.9.31, 417]

Als Gott der Herr die Trompete des Jüngsten Gerichts hatte erschallen lassen: da standen die Deutschen ausgerichtet in zwei Reihen, mit einem besonders zuwidern Kerl vor der Front; die Engländer kamen pünktlich und gelassen angestelzt, ihre Köpfe trieben sie mit Golfschlägern vor sich her; aus der Ecke der Franzosen hörte man gar fröhliches Hämmerklopfen: sie schlugen sich kleine Löcher in die dritte Querrippe, um ihre Bändchen darin unterzubringen; die Schweizer brummelten, aufgeweckt seien sie noch nie gewesen; die Spanier blieben liegen und sagten: »Manana! Morgen!« und die amerikanische Abteilung des Friedhofs hatte illuminiert:

Heute Jüngstes Gericht!

Das jüngste der Welt!

Von Pastor Higgins von der Chicagoer Sonntagsschule
vorausgesagt!

Pastor Higgins und lieber Gott persönlich anwesend!

Als Gott der Herr dies aber alles mitansah, da jammerte ihn der Affenstall, und er vertagte die Sitzung auf unbestimmte Zeit. [WB, 13.10.25, 571]

Jedes Land ist eine große Kinderstube. [WB, 3.5.32, 662]

Nachwort

»Humor diskreditiert«, erläuterte Kurt Tucholsky (alias Peter Panter, Theobald Tiger, Ignaz Wrobel, Kaspar Hauser) Sinn und Notwendigkeit seiner zunächst »zum Spaß« gewählten »homunculi«, also jener Pseudonyme, mit denen er ab 1913 die *Schaubühne*, später: *Weltbühne*, als für ihn zeitlebens wichtigstes Publikationsorgan eroberte, »denn wer glaubt in Deutschland einem politischen Schriftsteller Humor? dem Satiriker Ernst? dem Verspielten Kenntnis des Strafgesetzbuches, dem Städteschilderer lustige Verse? Humor diskreditiert.« (WB, 27. 12. 27) – Tucholskys kurze Aphorismenreihen erschienen ab Mitte der 1920er Jahre unter Titeln wie »Schnipsel«, »Schnitzel«, »Nationales« oder auch »So verschieden ist es im menschlichen Leben« unter dem Pseudonym Peter Panter, dem Namen, der für den »beweglichen, kugelrunden, kleinen Mann« voller Leidenschaft für Bücher und Theater, den Feuilletonisten – im besten Sinne des Wortes – stand. So sind sie denn auch mit der spitzen Feder des Theater-, Buch-, aber auch Gesellschaftskritikers verfaßt, der seine scharfsinnigen Beobachtungen mit dem ihm eigenen Wortwitz auf den Punkt zu bringen wußte. Doch auch Tucholskys Glossen, Essays und Kritiken, auch seine Gedichte, Romane und Reiseberichte sind durchsetzt von feiner Ironie, beißender Satire, sarkastischen Bonmots. Sie bilden eine fast unerschöpfliche Fundgrube für geistreiche und boshafte Bemerkungen, aus denen für diesen Band ausgewählt wurde.

KURT TUCHOLSKY

(Peter Panter, Theobald Tiger, Ignaz Wrobel, Kaspar Hauser)

haßt:	liebt:
das Militär	Knut Hamsun
die Vereinsmeierei	jeden tapfern Friedenssoldaten
Rosenkohl,	schön gespitzte Bleistifte
den Mann, der immer in der Bahn die Zeitung mitliest	Kampf
Lärm und Geräusch	die Haarfarbe der Frau, die er gerade liebt
„Deutschland"	Deutschland

»Geboren am 9. Januar 1890 zu Berlin mit ungeheuern Nasenlöchern. Seine Tante Berta umstand die Wiege und hat es gleich gesagt. Gerät nach kurzen Versuchen, ein anständiger Mensch zu werden, in die Schlingen des Herausgebers S. J.« – Mit diesen launigen Worten beginnt die letzte der am 1. Juni 1926 in der *Weltbühne* abgedruckten *Drei Biographien*, für die Peter Panter, von seinem Schöpfer in einem fiktiven Gespräch vor die Wahl gestellt, sich schließlich selbst entschieden haben will. Doch bevor er »in die Schlingen« Siegfried Jacobsohns (»S. J.«) geriet, hatte Kurt Tucholsky einige Hürden zu überwinden: Wegen mangelhafter Leistungen ausgerechnet im Fach Deutsch 1907 sitzengeblieben, machte er 1909 als Externer das Abitur und immatrikulierte sich anschließend an der Juristischen Fakultät der Friedrich-Wilhelms-Universität zu Berlin. Nach einigen Semestern in Berlin und einem Auslandssemester in Genf brach er seine Vorbereitungen auf das juristische Staatsexamen ab, reichte jedoch 1913 an der Universität Jena die erste Fassung seiner Dissertation über Hypothekenrecht ein und wurde schließlich Anfang 1915, nach Überarbeitung der dritten Fassung seiner Doktorarbeit, promoviert. Inzwischen hatte Tucholsky jedoch längst die schriftstellerische Laufbahn eingeschlagen, auch wenn es noch Jahre dauern sollte, bis er vom Schreiben tatsächlich leben konnte: Nach ersten kritischen Beiträgen im *Vorwärts* und im *Pan* erscheint im November 1912 sein heiter-ironischer Roman *Rheinsberg. Ein Bilderbuch für Verliebte*, eine für damalige Verhältnisse recht frivole Schilderung des Kurzurlaubs eines jungen Liebespaares. Das Buch ist derart erfolgreich, daß nach ihm »später generationsweise vom Blatt geliebt wurde«, wie Tucholsky am 8. Dezember 1921 anläßlich der Auflage des fünfzigsten Tausends augenzwinkernd in der *Weltbühne* konstatiert. Im Januar 1913 wird seine erste Besprechung eines Theaterstücks in der *Schaubühne* abgedruckt, womit die fruchtbare Zusammenarbeit mit seinem »Lehrmeister« (WB, 9.9.30) Siegfried Jacobsohn beginnt. Während er für die *Schaubühne* und einige andere Publikationsorgane zunächst vor allem Theater-, Varieté- und Buchkritiken schreibt, zeugen seine im *Vorwärts* erschienenen politischen Aufsätze und Gedichte wie auch die Glossen und Satiren im *Simplizissimus* und *Pan* von einem ausgeprägten Interesse an den öffentlichen Auseinandersetzungen auf allen Ebenen des politischen, gesellschaftlichen und kulturellen Lebens. Tucholsky mischt sich ein, bezieht kritisch Stellung, klagt an, spottet und karikiert. 1915 zum Militärdienst eingezogen, verstärkt sich unter den Eindrücken des Krieges seine humanistisch-pazifistische Grundeinstellung, und seine gesellschaftskritische Haltung wird zunehmend radikaler, strenger, unerbittlicher, sein Ton deutlich schärfer und bissiger: »Verantwortung? Wir haben immer gedacht, das hieße gradestehn für etwas, das man getan habe«, ist 1920 in einer Stellungnahme zu Ludendorffs mit Beginn der Novemberrevolution 1918 erfolgten feigen Flucht vor den Konsequenzen seines verantwortungslosen Verhaltens während der Waffenstillstandsverhandlungen zu lesen. Tucholsky prangert damit zugleich die Haltung einer »neuen Führerschaft« an, die »Mode« mache: »Es scheint bei uns schon ganz in der Ordnung zu sein, daß man, solange man im Amt ist, Kritik und Einspruch unterbindet mit dem Hinweis auf eben jene Verantwortung, und daß man sie hinterher hohnlachend von sich weist.« (GW 2, 1920, 325) Seine Meinung zu den »politischen Köpfe[n] Deutschlands« hatte er schon genau ein Jahr zuvor voller Sarkasmus geäußert: »Köpfe? Köpfe? Ich zähl' die Häupter meiner Lieben – wo ist nur ihr Gehirn geblieben? Nein, Köpfe waren das, mit wenigen Ausnahmen, wohl kaum.« (WB, 8. 5. 19) Und Tucholskys Kritik an der Verquickung politischer und ökonomischer Interessen kommt wohl nirgends so pointiert zum Ausdruck wie in dem Satz: »Politik kann man in diesem Lande definieren als die Durchsetzung wirtschaftlicher Zwekke mit Hilfe der Gesetzgebung.« (WB, 13. 3. 19)

Nach einem kurzen Intermezzo von fünfzehn Monaten als Chefredakteur des *Ulk* (Dezember 1918 bis März 1920) arbeitet Tucholsky, inzwischen verheiratet mit der Ärztin Else Weil, weiterhin als freier Journalist für zahlreiche Zeitungen und Zeitschriften, für einige nur kurzfristig (z. B. für die *Freie Welt* und die *Freiheit*), für andere über einen längeren Zeitraum hinweg. Hauptsächlich veröffentlicht er jedoch in der 1918 auf sein Betreiben in *Weltbühne* umbenannten Wochenschrift Siegfried Jacobsohns. Mit großer Sorge erfüllt ihn die Instabilität der jungen Republik, für die er vor allem die reaktionären Kräfte in Militär, Verwaltung und Justiz, aber auch große Teile der Bevölkerung verantwortlich macht. Voller Skepsis notiert er: »Ob von diesem Staat etwas zu erwarten ist, weiß ich nicht. Daß von dieser Gesellschaftsform nichts zu erwarten ist, scheint mir sicher.« (WB, 10. 6. 20) Die verkrusteten Strukturen des »Apparats« bleiben Zielscheibe seiner Polemiken, am »deutschen Beamten« läßt er kein gutes Haar: »Man soll diese Beamten stets mit der Nase in ihren eignen Unrat stoßen – sie werden zwar nicht stubenreiner davon, aber tut mans nicht, werden sie übermütig. Sie sind es schon.« (WB, 12. 7. 27)

In diesem Land »wie in einem Käfig« (DT, 1923, 339) zu leben, deprimiert Tucholsky zunehmend; nicht zum ersten Mal denkt er an Auswanderung: »Wenn mir der liebe Gott jemals vergönnte auszuwandern ...« (ebd.). Nur zu gerne nimmt er deshalb die Gelegenheit wahr, 1924 zusammen mit seiner zweiten Frau Mary als Korrespondent der *Weltbühne*, bei der er nun fest angestellt ist, und der *Vossischen Zeitung* nach Paris zu gehen. Aus der Distanz wird sein Blick auf »Deutschland« (siehe seine Selbstanzeige) und »die Deutschen« noch schonungsloser: »Denn Deutschland ist ein gründliches Land: kein Kind ohne Nachttopf, kein Erwachsener ohne fachliche Hochschulbildung, Titel und einen ganzen Kopf voller Einbildung.« (WB, 12. 10. 26) und: »Die Deutschen sind mit Offensivgeist getränkt. Der Aufwand an Radau steht meist in gar keinem Verhältnis zur Sache – aber das Prinzip, das Prinzip muß durchgefochten werden.« (WB, 18. 5. 26) Tucholsky nimmt den spießigen Mief in deutschen Amts- und Wohnstuben, in Gerichtssälen wie an Stammtischen ins Fadenkreuz seiner Kritik, stellt sich mit der Feder in der Hand dem Kampf gegen Dummheit und Eitelkeit, Hochmut und Scheinheiligkeit: »Die Katholiken sitzen vor ihrer Hütte. Ein Heide geht vorbei und pfeift sich eins. Die Katholiken tuscheln: ›Der wird sich schön wundern, wenn er mal stirbt!‹ Sie klopfen sich auf den Bauch ihrer Frömmigkeit, denn sie haben einen Fahrschein, der Heide aber hat keinen, und er weiß es nicht einmal. Wie hochmütig kann Demut sein!« (WB, 3. 2. 31)

Nach dem Tod Jacobsohns übernimmt Tucholsky ab Dezember 1926 die Leitung der *Weltbühne*, eine Aufgabe, die ihm jedoch so widerstrebt, daß er sie schon im Mai des darauffolgenden Jahres an Carl von Ossietzky abgibt. Längst hat er keinen festen Wohnsitz mehr in Berlin, lebt meist in Paris, verbringt 1927 mehrere Wochen in Dänemark, wo er seinen Sammelband *Mit 5 PS* zusammenstellt. Ein Jahr später, während eines längeren Aufenthaltes in Schweden, entsteht *Das Lächeln der Mona Lisa*. Tucholsky arbeitet unermüdlich, engagiert sich in humanistischen, sozialistischen und pazifistischen Organisationen, unternimmt Lese- und Vortragsreisen, nutzt seine Popularität, »Deutschland« den Spiegel vorzuhalten, soziales Unrecht anzuprangern und vor den aufziehenden nationalsozialistischen Umtrieben zu warnen. Seine schwindende Hoffnung auf Überwindung des nach zehn Jahren Republik noch immer herrschenden wilhelminischen Geistes in Deutschland läßt ihn zuweilen in tiefste Resignation verfallen: »Was soll ich tun? Für die Republik kämpfen? Für welche? Für diese da –? Die will das ja offenbar gar nicht. Die deckt ja ihre Anhänger nicht einmal. Sie wagt es ja nicht. Sie traut sich nicht, ihre Richter hinauszuwerfen, die sich offen über sie lustig machen, weil sie wissen, daß ihnen nichts geschehen kann, denn wir haben die Unabhängigkeit der Arbeit vom Verdienst – ja, was hätte ich tun sollen?« (WB, 30. 4. 29) Dennoch gibt er nicht auf, schreibt »gewissermaßen eine abschließende Bilanz« (BA, 18. 10. 29): Im August 1929 erscheint *Deutschland, Deutschland über alles*, eine Textsammlung mit Fotomontagen von John Heartfield, in der Tucholsky das »Deutschland«, das er haßt, mit Hohn und Spott übergießt, seiner tiefen Enttäuschung über die Entwicklung der Republik Ausdruck verleiht und diejenigen an den Pranger stellt, die deren nun absehbares Scheitern mit zu verantworten haben: »Gesichter, die in die Hose gehören. Aber wir zeigen sie der Welt – mit einem herausfordernden Ausruf aus dem Götz, und wundern uns, daß alle, alle dagegen sind.« (WB, 22. 1. 29) Das Buch führte ob seiner Radikalität zu heftigen Reaktionen, nicht nur bei seinen Gegnern.

Im Januar 1930 – wenige Monate nach dieser publizistischen Provokation – zieht Tucholsky offiziell nach Schweden. 1931 erscheint seine von einem Ferienaufenthalt mit seiner Geliebten Lisa Matthias im schwedischen Läggesta inspirierte Sommergeschichte *Schloß Gripsholm*, einige Monate später der Sammelband *Lerne Lachen ohne zu weinen*, den er dem Andenken seines Freundes »Jakopp« (Hans Fritsch) widmet. Weitere Arbeiten sind in Planung. Doch schon ein Jahr später geht mit dem Artikel *Berliner in Österreich? Nein: Sozialisten bei Sozialisten!*, mit dem er die Wiener Ausgabe der *Weltbühne* eröffnet, seine letzte Veröffentlichung in Druck. Tucholsky bleibt ruhelos, reist weiterhin viel, fährt wegen seiner schon länger angeschlagenen Gesundheit zu Kuren in die Schweiz. Während er sich von Oktober 1932 bis September 1933 bei seiner Freundin, der Ärztin Hedwig Müller, in Zürich aufhält – auch von seiner zweiten Frau Mary ist er inzwischen geschieden –, werden im nationalsozialistischen Deutschland seine Bücher verbrannt, ihr Verfasser ausgebürgert. Hatte er Anfang 1932 die weit verbreitete Charakterlosigkeit innerhalb seiner Zunft noch öffentlich angeprangert: »Sie rüsten zur Reise ins Dritte Reich.« (WB, 26. 1. 32), so bleibt ihm nun nur mehr seine private Korrespondenz, in der er seine Diagnose der Zustände im »Dritten Reich« unvermindert scharfsinnig kundtut, so beispielsweise im April 1933 in einem Brief an Walter Hasenclever, mit dem er zu dieser Zeit an einem gemeinsamen Theaterstück arbeitet: »Die Gesinnungslosigkeit in Deutschland schreit zum Himmel.« Angeekelt wendet er sich von immer mehr Zeit- und Weggenossen ab, deren pro-nationalsozialistische öffentliche Bekenntnisse ihn zutiefst erschüttern. Zu diesen gehört u. a. der einst von ihm bewunderte norwegische Schriftsteller Knut Hamsun, dessen schändliche Äußerungen anläßlich der geplanten Verleihung des Friedensnobelpreises an Carl von Ossietzky 1935, für die Tucholsky sich vehement eingesetzt hatte, ihn sogar dazu bewegen, sein öffentliches Schweigen zu brechen. Am 17. Dezember 1935 schreibt er triumphierend an Hedwig Müller: »Übrigens haben sich viele Norweger gefunden, die Deinem Freund Hamsun mächtig einen aufs Dach gegeben haben – aber feste. Doch ist das alles nichts gegen das, was ich ihm hinzumachen willens bin. Natürlich habe ich erst angefragt« (BA, 17. 12. 35) – und zwar bei gleich drei Zeitungen. Am 19. Dezember erhält Tucholsky vom sozialdemokratischen *Arbeiderbladet* eine Absage. Am selben Tag schreibt er einen letzten Brief an seine zweite Frau Mary, der er sich ungeachtet der wiederholten Trennungen vor und während der Ehe stets verbunden fühlte. Darin heißt es am Ende: »›O – Angst‹ . . . nicht vor dem Ende. Das ist mir gleichgültig, wie alles, was um mich noch vorgeht, und zu dem ich keine Beziehung mehr habe. Der Grund zu kämpfen, die Brücke, das innere Glied, die raison d'être fehlt.« Zwei Tage später wird Kurt Tuchol-

sky mit schweren Vergiftungssymptomen in ein Kranken-
haus in Göteborg eingeliefert und stirbt noch am Abend
des 21. Dezembers. Die Nummer 784 seiner »Sudelbuch«-
Einträge lautet: »Er ging leise aus dem Leben fort, wie
einer, der eine langweilige Filmvorführung verläßt, vor-
sichtig, um die andern nicht zu stören.« (SB, Nr. 784)

Über gut zwei Jahrzehnte hat sich Kurt Tucholsky laut-
stark zu Wort gemeldet, kein Blatt vor den Mund genommen im zornigen Kampf gegen Mißstände aller Art, hat
sie satirisch entlarvt, wortgewaltig angeprangert, hat kri-
tisiert, polemisiert und brüskiert. Mancher Mißstand
von einst gilt heute als überwunden – dennoch: Tucholskys sezierender Blick, die oft verblüffende Aktualität seiner Diagnosen, sein ironisch-sarkastischer Ton und nicht
zuletzt seine virtuosen sprachlichen Formulierungen ga-
rantieren nach wie vor eine genußvolle Lektüre, bei der
den »Boshaften« so manches Mal das Lachen im Halse
steckenbleibt.

C. M. K.

Editorische Notiz

In diesem Band wurde aus den im folgenden aufgeführten Quellen zitiert. Dabei wurde die Orthographie vereinheitlicht. Von der Herausgeberin getätigte Auslassungen sind zu Beginn und innerhalb der Zitate durch runde Klammern, am Ende von Zitaten durch fehlende Satzzeichen gekennzeichnet. Wurde aus der *Weltbühne* zitiert, folgt dem Kürzel »WB« jeweils das Erscheinungsdatum der Ausgabe und die fortlaufende Seitenzahl des Halbjahresbandes, den Zitaten aus dem *Sudelbuch* (»SB«) ist die Zitatnummer beigefügt. Bei Zitaten aus der zehnbändigen Werkausgabe ist zwischen Bandnummer und Seitenzahl zudem angegeben, in welchem Jahr der jeweilige Text erstmals erschienen ist. Diese Angabe ist auch bei den Zitaten aus *Deutsches Tempo* und *Republik wider Willen* ergänzt. Bei Briefzitaten (»BA«) ist der Seitenzahl das Datum aus dem Briefkopf vorangestellt.

WB = Die Weltbühne. Vollständiger Nachdruck der Jahrgänge 1918 – 1933. Königstein/Ts.: Athenäum Verlag 1978.

GW = Kurt Tucholsky: Gesammelte Werke in 10 Bänden. Herausgegeben von Mary Gerold-Tucholsky und Fritz J. Raddatz. Reinbek bei Hamburg: Rowohlt Taschenbuch Verlag GmbH 1975.

DT = Kurt Tucholsky: Deutsches Tempo. Texte 1911 bis 1932. Herausgegeben von Mary Gerold-Tucholsky und Fritz J. Raddatz. Reinbek bei Hamburg: Rowohlt Taschenbuch Verlag GmbH 1990.

RW = Kurt Tucholsky: Republik wider Willen. [= Kurt Tucholsky: Gesammelte Werke. Ergänzungsband 2. 1911 bis 1932. Herausgegeben von Fritz J. Raddatz]. Reinbek bei Hamburg: Rowohlt Verlag GmbH 1989.

SB = Kurt Tucholsky: Sudelbuch. Reinbek bei Hamburg: Rowohlt Verlag GmbH 1993.

BA = Kurt Tucholsky: Briefe. Auswahl 1913 bis 1935. Herausgegeben von Roland Links. Berlin: Verlag Volk und Welt 1983.

Schöne insel taschenbücher
für Liebhaber des boshaften Humors
zum Lesen und zum Verschenken
an saubere Freunde, gute Feinde
und andere falsche Fuffziger

Shaw für Boshafte
Ausgewählt von Thomas Kluge
it 3205. 126 Seiten

Bernhard für Boshafte
Ausgewählt von Raimund Fellinger
it 4153. 73 Seiten

Karl Kraus für Boshafte
Ausgewählt von Christine M. Kaiser
it 3240. 112 Seiten

Arno Schmidt für Boshafte
Ausgewählt von Bernd Rauschenbach
it 3241. 100 Seiten

James Joyce für Boshafte
Ausgewählt von Friedhelm Rathjen
it 3242. 117 Seiten

Heine für Boshafte
Ausgewählt von Joseph A. Kruse
it 3273. 120 Seiten

NF 711/1/11.19

Nietzsche für Boshafte
Ausgewählt von Norbert Wank
it 3274. 104 Seiten

Oscar Wilde für Boshafte
Ausgewählt von Denis Scheck und Christina Schenk
it 3309. 120 Seiten

Nestroy für Boshafte
Ausgewählt von Peter Cardorff
it 3310. 120 Seiten

Wilhelm Busch für Boshafte
Ausgewählt von Thomas Kluge
it 3311. 120 Seiten

»**Und wenn die Welt voll Teufel
wär und wollt uns gar verschlingen,
so fürchten wir uns nicht so sehr,
es soll uns doch gelingen.**«

Luther kämpfte nicht nur gegen den Papst, sondern auch gegen
den Teufel mit Feder und Tintenfass. Er reformierte den Gottes-
dienst, sammelte Fabeln und Sprichwörter, verfasste Kirchenlie-
der – und schaute dem Volk aufs Maul. Er wusste zu allen Dingen
ein trefflich Wort zu sagen, in Predigten, Traktaten und Tischge-
sprächen am heimischen Herd. Vieles hiervon ist noch in aller
Munde, häufig falsch zitiert, manches ihm auch nur zugeschrie-
ben.
Martin Luthers legendäre Sprüche zur Bibel, zum Papsttum, zu
Kirche, Kaiser und Küche, zu Ehe und Familie, zum Schlemmen
und Saufen versammelt dieser Band.

Martin Luther, Luthers kleine Teufeleien. Herausgegeben
von Thomas Kluge. insel taschenbuch 4561. 120 Seiten

Kapitales von KARL MARX

»Das Geld wird abgeschafft. Ich kenn' schon einen, der nichts mehr hat.«

Karl Marx kämpfte nicht nur gegen das Kapital, sondern auch gegen allerlei Widrigkeiten des modernen Lebens. Er watscht »breitmäulige Faselhänse« ab, prangert den Raubbau an der Natur an und sinniert über die Aussichten auf eine »höhere Form der Familie und des Verhältnisses beider Geschlechter«. Er ringt in seinen Schriften mit dem Elend einer Welt des Mangels inmitten von Überfluss, einer Welt voller Steuereintreiber und verschuldeter Staaten, verunreinigter Flüsse und erschöpfter Böden, gefangener Tiere und freier Lohnarbeiter, platter Politökonomen und selbstlobhudelnder Sozialisten.

Geistreiche und kritische Kommentare aus dem Marx'schen Schaffen zur Arbeit, Natur und Familie, zu Deutschland, Krise, Staat und Kapital versammelt dieser Band.

Karl Marx, Kapitales von Karl Marx. Herausgegeben und mit einem Nachwort versehen von Timm Graßmann. insel taschenbuch 4638. 142 Seiten.

Eine kleine Bosheit zwischendurch macht ganz ungemein Spaß

»Edel sei der Mensch, hilfreich und gut.« Ja, klar, wer möchte das nicht sein? Aber leider, leider ist das Leben kein Wunschkonzert und die Welt kein Ponyhof, und solange man sich mit eher unerfreulichen Zeitgenossen herumschlagen muss, ist eine kleine Bosheit zwischendurch doch sehr erfrischend. Denn ein wenig Schadenfreude hier und ein diebischer Spaß dort heben einfach ganz ungemein die Laune.

Wie man sich der Anmaßungen seiner lieben Mitmenschen erwehrt und dabei seinen Humor und die Oberhand behält – davon erzählen diese lustigen, durchtriebenen, bissigen, garstigen, amüsanten, frechen, tolldreisten Geschichten zum Kichern.

Clara Paul, Eine kleine Bosheit zwischendurch. Böse, böse Geschichten. insel taschenbuch 4695. 304 Seiten.

Kesse Gedichte für jede Lebenslage

Gegen Trübsinn, schlechte Laune oder Liebeskummer hilft manchmal einfach nur eines: Gedichte! Und wenn sie dann auch noch so munter, hellwach, beschwingt, federleicht, übermütig, kess, knallvergnügt, frisch-frech-fröhlich daherkommen, kann rein gar nichts mehr schiefgehen.

Hier ist alles versammelt, was uns fröhlich macht und uns zum Schmunzeln, Lachen, Glucksen bringt: Gedichte für jede Lebenslage mit Witz, Charme und Esprit von Bertolt Brecht, Robert Gernhardt, Johann Wolfgang Goethe, Heinrich Heine, Hermann Hesse, Ernst Jandl, Erich Kästner, Loriot, Christian Morgenstern, Joachim Ringelnatz, Eugen Roth, Kurt Tucholsky, Karl Valentin u.v.a.

»Ich bin so knallvergnügt erwacht«. Gedichte, die fröhlich machen. Ausgewählt von Clara Paul. insel taschenbuch 4356. 160 Seiten

Die Möwen sehen alle aus, als ob sie Emma hießen

»Das ästhetische Wiesel«, »Das große Lalula«, »Der Gingganz«, »Professor Palmström«, »Muhme Kunkel« – berühmt wurde Christian Morgenstern vor allem durch seine humoristische Lyrik. Neben seinen *Galgenliedern*, die durch brillante Wortschöpfungen und Sprachspielereien noch heute verblüffen und amüsieren, sind in diese Sammlung auch Texte des unbekannteren Morgenstern aufgenommen.

Christian Morgenstern, Die Möwen sehen alle aus, als ob sie Emma hießen. Gedichte. Ausgewählt von Thomas Kluge. insel taschenbuch 4532. 221 Seiten

Tucholskys beliebteste Erzählungen in einem Band

Mit augenzwinkernder Leichtigkeit erzählt Tucholsky in *Rheinsberg* von den unbeschwerten Urlaubstagen der Verliebten Claire und Wolfgang im Märkischen. Das Glück auf *Schloß Gripsholm* hingegen erweist sich als Idyll auf Zeit: Daddy und Lydia können dem Alltag nicht entkommen, die Sorgen reisen ihnen hinterher …
Die beiden beliebtesten Erzählungen Tucholskys in einem Band – mit einem Nachwort von Marcel Reich-Ranicki.

Kurt Tucholsky, Rheinsberg. Schloß Gripsholm. Mit einem Nachwort von Marcel Reich-Ranicki. insel taschenbuch 4518. 211 Seiten.

»Eine kleine Liebesgeschichte, welche Sie Ihrer Freundin schenken können.« Ernst Rowohlt an Kurt Tucholsky

Eine Sommerliebe in Schweden. Unnachahmlich graziös und amüsant erzählt, schwebend wie ein Schmetterling und sonnendurchflutet wie der Sommer selbst. Seit seinem Erscheinen 1931 haben sich Liebende dieses heiter-melancholische Buch voller verliebter Torheiten und Verzauberungen immer wieder geschenkt. Hans Traxler hat Tucholskys Geschichte mit 60 Bildern meisterhaft illustriert. Entstanden ist ein Prachtband. Bilder und Text sind aufs Schönste verbunden.

»Hans Traxlers Bilder ergänzen Tucholskys Text nicht nur aufs Feinste – sie erzählen ihn auch auf wunderbare Weise weiter.« Norddeutscher Rundfunk

Kurt Tucholsky, Schloß Gripsholm. Eine Sommergeschichte. Mit zahlreichen Illustrationen von Hans Traxler. insel taschenbuch 4456. 173 Seiten.